일기는 사소한 숙제가 아니다

* 이 책에 나오는 일기는 어린이가 직접 쓴 것을 그대로 실었습니다. 맞춤법에 어긋나거나 비문이 있더라도 이해해 주십시오.
* 이 책에 나오는 인용문은 해당 제공처의 허락을 받아 게재한 것입니다. 저작권자를 찾지 못한 일부 글에 대해서는 확인이 되는 대로 저작권 사용 허락을 받겠습니다.

일기는 사소한 숙제가 아니다

1판 1쇄 발행 2014년 4월 30일
1판 3쇄 발행 2015년 10월 30일

지은이 윤경미
그린이 조고은
펴낸이 김영곤
펴낸곳 (주)북이십일 21세기북스
교육출판팀장 신정숙
기획편집 김경애 김지혜
디자인 권민지 손성희
영업마케팅 이희영 장명우 김창훈 오하나
출판등록 2000년 5월 6일 제10-1965호
주소 (우 10881) 경기도 파주시 회동길 201(문발동)
대표전화 031-955-2100(대표번호), 031-955-2178(기획편집)
팩스 031-955-2177 **이메일** book21@book21.co.kr
홈페이지 www.book21.co.kr **블로그** b.book21.com
트위터 @21cbook **페이스북** facebook.com/21cbook

ⓒ 윤경미, 2014

ISBN 978-89-509-5557-1 03370
책값은 뒤표지에 있습니다.

이 책 내용의 일부 또는 전부를 재사용하려면 반드시 (주)북이십일의 동의를 얻어야 합니다.
잘못 만들어진 책은 구입하신 서점에서 교환해 드립니다.

강남엄마가 일기 과외를 시키는 특별한 이유

일기는 사소한 숙제가 아니다

윤경미 지음

21세기북스

• 차례 •

prolog 강남엄마는 일기 쓰기도 과외 시켜요 _8

일기 쓰기 지도를 위한 마음의 준비

Chapter 1 일기 쓰기가 중요한 진짜 이유

- 아이의 정서적 변비가 해소돼요. _18
- 친구 같은 엄마가 될 수 있어요. _25
- 의사소통 능력이 자라요. _30
- 인문학적 소양을 길러 줘요. _35
- 글쓰기에 흥미가 생겨요. _40
- 일기장은 역사책이에요. _45
- 일기만 잘 써도 아이의 성적이 올라요. _51

Chapter 2 일기 쓰기 선생님이 되기 위한 마음가짐

- 가르치려 말고 아이의 팬이 되어 주세요. _58
- 화내지 않기! 기다려 주기! 안내하기! 보상하기! _63
- 글을 못 쓰는 엄마도 자신감을 가지세요. _69
- 아이를 위해 일주일에 3시간 투자해요. _72

Chapter 3 내 아이가 일기쓰기를 좋아하게 하려면

· 글로 이야기해요. _80
· 일기장에 이름을 지어 주세요. _85
· 긍정적인 글감으로 장점을 찾게 하세요. _89
· 자유로운 형식으로 지루함을 줄여 주세요. _93

Chapter 4 내 아이에게 꼭 맞는 맞춤형 지도법

· 아이 성향에 맞는 지도법 _104
· 아이 성별에 맞는 지도법 _121
· 일기장을 보여 주지 않는 비밀스런 아이 지도법 _134
· 학년에 맞는 지도법 _138

• 차례 •

이제 아이와 힘께 일기를 써 봐요.

Chapter 1 일기 쓰는 순서

- 5단계로 진행되는 일기 쓰기 _166

Chapter 2 날씨 표현하기

- 일기에 날씨를 쓰는 이유 _174
- 온몸으로 변화 관찰하기 _178
- 변화를 감각적으로 표현하기 _182
- 날씨 표현 만들기 _186

Chapter 3 1단계, 글감 정하기

- 하루, 하나의 글감 정하기 _192
- 정해진 글감은 주제와 주제문으로 방향 잡아주기 _196
- 글감을 정하는 이유 _200
- 주제를 품은 인상적인 제목 달기 _203
- 학년별 일기 글감과 주제문 _208

Chapter 4 2단계, 시작 글쓰기

- 첫인상을 심어 주는 시작 글 _224
- 시작으로 좋은 내용들 _227
- 시작 글을 잘 쓰려면 : 서론 노트 만들기 _238

Chapter 5 **3단계, 본문 글쓰기**

- 글감에 대한 생각을 확장하는 본문 글 _244
- 문단의 소주제문 이끌어내기 _248
- 각 문단의 소주제문 위치 정하기 _254
- 일기의 분량 _257
- 본문 글을 빛내 주는 표현력 훈련 _259
- 본문 글을 잘 쓰려면 ① : 단어 채집 놀이로 어휘력 키우기 _270
- 본문 글을 잘 쓰려면 ② : 수사학을 통해 날카로운 시선 키우기 _276
- 본문 글을 잘 쓰려면 ③ : 오감 표현을 통해 표현력과 감각 키우기 _285

Chapter 6 **4단계, 마무리 글쓰기**

- 인상 깊은 마무리 글 _298
- 마무리 글을 잘 쓰려면 : 주제를 상기하여 3문장 이상 쓰기 _300

Chapter 7 **5단계, 소리 내어 읽기**

- 글로 소통하는 소중한 시간 _308

epilogue 함께 일기 쓰기 어렵게 생각하지 마세요 _312
부록 _320

prolog

강남엄마는
일기 쓰기도 과외 시켜요

'강남엄마가 일기 과외를 시키는 특별한 이유'라는 소제목을 읽고 '영어도 아니고, 수학도 아니고, 일기 쓰기를 과외까지 시킨다고? 그 엄마 참 돈이 남아도는군!' 이런 생각을 한 사람도 있을 것이다. 그런데, 정말 그럴까? 글쓰기 교육이 영어나 수학보다 덜 중요하다고 할 수 있을까? 혹은 글쓰기나 논술은 몰라도 일기 쓰기를 과외 받는 것은 지나친 교육열일까? 일기는 숙제니까 혼자 하는 것이 맞을까?

 prolog

교육에 관해서 '강남엄마'라는 단어는 함축적으로 많은 것을 내포한다. '부유하고, 교육열이 높고, 정보에 빠른 엄마들', 하지만 이 말에는 부정적인 의미도 함께 느껴진다. 왠지 이들의 부유함과 열정, 정보력이 내 아이의 행복을 빼앗아 갈 것 같은 두려움이 느껴지는 것은 한국 사회의 삐뚤어진 계급의식 때문만은 아닐 것이다. 하지만 내가 실제로 경험한 강남엄마들의 대부분은 매스컴에서 보이는 것처럼 왜곡된 모습과는 거리가 멀었다.

내가 만나 본 대부분의 강남엄마들은 지방에서 나를 가르치신 우리 부모님과 크게 다르지 않았다. 나의 어머니처럼 아이의 미래를 걱정하며 과열 경쟁 속에서 아이들이 상처를 받지 않을까 걱정하는 모습이 전부였다. 아이가 개성이 맞게 그저 올곧게 커 나가길 바라는 모습은 그저 평범한 부모님의 바람과 다르지 않았다. 차이가 있다면, 성적이 떨어지거나 대학에 들어가기 직전에 조급한 마음으로 과외 선생님을 찾기보다는, 조기 교육에 조금 더 신경을 쓸 수 있는 경제적인 여유가 있다는 정도였다. 그래서 강남엄마들은 좀 더 멀리 내다보고 가능하면 아이에게 필요한 교육을 스스로 찾아보고 결정하는 사람들이었다. 아이가 바르게 커주길 바라는 부모 마음이야 다 비슷하지 않을까?

그런 강남의 엄마들이 일기 쓰기를 선택했다면 분명 의미가 있을 것이다. 실제로 일기 쓰기 과외를 먼저 요청해 온 것도 한 아이의 어머니였다. 처음엔 나도 '왜 일기를 과외까지 시켜서 쓰게 하려는 걸까?'하는 마음으로 수업을 시작했었다. 하지만 그 학생을 지도하면서 점점 일기의 교육적 가치를 깨닫게 되었다. 그 교육적 가치가 너무 충격적이라, 처음 과외를 의뢰한 어머니를 다시 보게 되었다. 그 어머니는 초등학교 때 쓰는 일기가 아이의 미래에 많은 영향을 끼친다는 사실을 나보다 먼저 알고 있었던 것이다. 그래서 가능하면 좋은 선생님께 아이를 지도 받게 하고 싶었던 것이다. 실제로 아이는 내게 지도를 받은 이후 글을 쓰거나, 책을 읽는 태도가 많이 달라졌고 일상생활에서 생각하는 각도도 남달라지고 있다.

그럼, 일기가 어떤 점에서 그렇게 중요하기에 과외까지 시킨 것일까? 먼저 초등학교 6년간 일기를 통해 쓰는 글이 대략 몇 편쯤 될지 계산해 본 적이 있는가? 3일에 한 번씩만 일기를 쓴다고 가정해도, 6년 동안 700여 편의 글을 쓰게 된다. 그러니까, 우리나라 초등학생은 일기 쓰기 활동을 통해 1년에 100편이 넘는 글을 쓰고 있다는 말이다. 인생에서 이렇게 많은 글을 쓰고 사는 시절이 또 있을까? 백지처럼 뽀얀

prolog

시절, 이렇게 많은 양의 글을 쓰는데 그 글을 어떻게 쓰느냐가 중요하지 않다고 생각하는가? 숙제 검사 때문에 억지로 쓴 아이와, 차곡차곡 그 나이에 생각해야 할 것과 내용을 꾸준히 쌓아나간 아이가 과연 같을까?

단순히 양적으로 많은 글을 쓴다는 점에서만 의미를 찾을 수 있는 것은 아니다. 아이들이 써오는 일기를 관찰하다 보면, 그 아이가 어떤 성격으로 자라날지 혹은 어떤 직업을 선택할지 대충 그려지게 된다. 또 글 솜씨가 눈에 띄게 발전한 아이는, 자라난 글 솜씨만큼이나 성장해 있다는 사실도 발견하게 된다. 글은 자신의 생각을 정리하여 쓰는 것이기 때문이다. 글에는 아이의 생각이 담기게 된다. 일기 쓰기를 통해 생각을 키우고 또 자신의 생각을 어떻게 표현해 낼지 훈련하게 되는 것이다.

학습과 관련이 있는 뇌의 회백질은 사춘기까지 성장하며, 이후 점차 감소한다고 한다. 이 회백질은 대부분 신경세포와 뉴런으로 이루어져 있는데, 경험을 통해 신경세포는 활발히 가지를 뻗어 가능성을 넓혀간다. 다양한 경험들이 뇌의 영역을 확장해 주는 것이다. 충격적인 점은 사춘기 시기까지 활동하지 않은 신경세포는 이 시기를 기점으로 끊어져 버린다는 사실이다. 사춘기까지의 경험과 학습이 흔히 재능이라고 말하는 학습 능력을 좌우하는 것은 아닐까 생각이 드는 지점이다.

초등학교 6년간 글쓰기 교육을 제대로 받지 않았다면 자신의 생각을 정리하고 소통하는 훈련을 제대로 하지 못한 것과 마찬가지라고 할 수 있다. 뿐만 아니라 글쓰기에 있어서도 고등학생이 되어 대학에 가기 위해 아무리 논술 공부를 열심히 한다고 해도 한계가 있다는 말이다.

한국예술종합학교를 졸업한 나는 글쓰기를 전공으로 하는, 그러니까 평생 글을 써서 먹고 살겠다고 다짐하는 학생들과 글쓰기 공부를 함께했다. 그중에는 제법 문학상도 받고, 베스트셀러 작가가 된 친구도 있다. 실제로 그들은 학창 시절에도 글을 참 잘 썼다. 나도 글을 못 쓴다고는 생각하지 않았는데, 그 시절 그 친구들은 '타고난 재능'을 가진 것 같아 왠지 내가 넘어설 수 없는 대상 같았다. 아이들을 가르친 이후, 가끔 그 친구들을 생각하게 된다. 내가 그저 검사나 받기 위해 억지로 일기장의 줄을 채우고 있는 동안, 그 천재적인 친구들은 일기를 통해 성장하고 글쓰기 기반을 다졌을 것이란 생각 때문에 그들의

prolog

천재성을 다시 생각해 보게 되었다.

  그런 의미에서 내가 이 책을 쓰는 첫 번째 목적은 일기 쓰기가 사소한 숙제에 불과하다는 생각을 바꿔 주기 위해서이다. 숙제로만 생각했던 일기가 절대로 사소하지 않다는 사실을 깨닫고, 스스로 아이를 지도하겠다고 마음먹게 하는 일 그것이 첫 번째 목적이다. 다음은 아이를 지도하겠다고 마음먹은 학부모님이 어떤 마음가짐으로 접근하는 것이 좋은지 알려 주는 것이다. 마지막으로 실전에 들어가서 아이를 지도할 때 사소한 것 하나하나를 어떻게 지도하는 것이 좋을지 안내해 주는 것이다. 그래서 이 책을 읽고 꾸준히 엄마에게 지도받은 아이들도 차곡차곡 실력을 쌓아 10년쯤 후엔 남들 눈에 타고난 글재주를 가진 사람으로 보이게 되길 기대해 본다.

PART
01

일기 쓰기 지도를 위한
마음의 준비

일기 쓰는 까닭을 물어보면 학교에서 숙제로 내기 때문이라고 답하는 사람이 많다. 학기 중에도, 방학 중에도 빠지지 않는 숙제가 바로 일기 쓰기이고, 또 숙제 검사를 위해 일기를 쓰고 있는 것이 현실이니까.

그런데 왜 일기 쓰기를 권장하고 있는 것일까? 어떤 이유에서 엄마들이 어릴 때부터 지금까지 꾸준히 이어져 오고 있는 것일까? 그저 사소한 숙제로 여기며 타성에 젖어 일기를 써 오면서 뭔가 놓치고 있는 것은 아닐까?

엄마들이 일기 쓰기 지도를 시도하기 전에 일기 쓰기가 중요한 진짜 이유를 알 필요가 있을 것 같다. 먼저 일기 쓰기의 필요성과 중요성에 대해 하나하나 짚어 보자.

Chapter 1

일기 쓰기가 중요한 진짜 이유

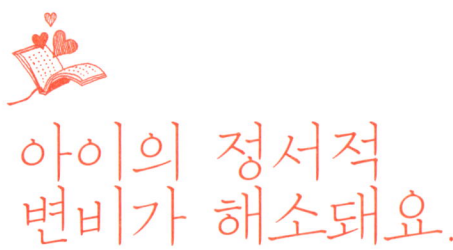

아이의 정서적
변비가 해소돼요.

　　　　　자신의 자녀에게 가장 바라는 것이 무엇인지 묻는 한 설문조사에서 부모들이 가장 많이 선택한 것은 의외로 '바른 인성'이었다. 아무리 사회가 바뀌고 교육열이 심해진 오늘날이라고 해도 아이가 건강하고 바르게 성장하길 바라는 부모의 마음은 예나 지금이나 한결 같은 모양이다. 특히 요즘은 가정뿐 아니라 초등학교에서도 인성 교육의 중요성을 강조하며 특별히 관심을 기울이는 경우가 많다.
　　안타깝게도 그 원인은 최근의 사회적인 현상에서도 찾을 수 있다.

일기 쓰기가 중요한 진짜 이유

초등학교 6년간을 학령기라고 하는데, 최근 학령기 아동 4~12%가 주의력 결핍, 과잉행동 장애, 충동적 행동 등 소아정신과적 증상을 보인다고 한다. 여기에 소아 우울증 증세까지 더하면 그 수치는 심각한 수준이라고 할 수 있다. 이렇게 마음이 아픈 아이들이 많다 보니 아이들이 올바르고 건강한 마음으로 자랄 수 있도록 가정과 학교에서 인성교육에 대한 관심을 쏟고 있는 것은 아닐까?

아이들에게 소아정신과적 증상이 나타나는 이유 중 하나로 스트레스를 꼽을 수 있다. 초등학생이 무슨 스트레스냐고 반문하는 사람들도 있을 수 있다. 하지만 말도 제대로 하지 못하는 유아 시절부터 영어유치원 같은 사교육의 현장에 적응해야 하고, 사립중학교에 가기 위해 초등학교부터 입시 경쟁에 시달리는 등 학령기 아동이 겪고 있는 스트레스는 상당한 수준에 이르고 있다고 봐야 할 것 같다.

아이들의 스트레스는 공부에서만 비롯되는 것이 아니다. 친구랑 싸운 일, 동생에 대한 불편한 감정, 선생님께 야단맞은 일 등 일상의 사소한 일도 스트레스가 될 수 있다. 어른들이 보기에는 성장 과정 중에 누구나 겪는 일로 시간이 지나면 저절로 사라질 것 같은 감정들이다. 하지만, 아이 본인에게는 그냥 사라지는 감정들이 아니다. 아이 본인은 지금 하늘이 무너질 만큼 큰일을 겪고 있는 것이다. 8살, 9살, 10살 어린 인생에 감당하기 어려운 시련이 찾아온 것이다. 그런데 가장 믿고 있는 부모에게 하소연을 해보아도 사이좋게 지내라는 둥, 네가 잘못한 것이라는 둥 핀잔을 듣거나 야단맞기가 일쑤다. 그러니 어쩌겠는가? 그저 꾹 참다 보니 스트레스가 점점 쌓일 수밖에.

스트레스는 라틴어 stringer(긴장)에서 나온 말로, 심리적 또는 신체적인 긴장 상태를 뜻한다. 스트레스를 적당히 받을 때는 오히려 긍정적인 효과를 내기도 한다. 하지만 개인에 맞게 긴장을 푸는 방법을 찾지 못하고 오랜 시간 긴장이 누적된다면 문제가 발생한다. 특히 학령기 아동의 경우 심리적 스트레스를 적절히 해소하는 방법을 찾지 못하면 위에서 언급한 소아정신과 증상이 나타날 수 있다.

스트레스를 어떻게 풀어야 할지 방법을 모르는 아이들에게 나는 일기 쓰기를 추천하고 싶다. 일기 쓰기를 통해 스스로 스트레스를 해소하며 긴장되고 짜증난 몸과 마음을 풀 수 있기 때문이다. 단지 일기를 쓰는 것만으로 스트레스가 풀릴지 의심하는 사람들도 있겠지만 나에게 일기 수업을 듣는 아이들은 대부분 정서적인 변화를 보인다. 그 변화는 아이들마다 제각각이지만, 공통적인 한 가지는 바로 정서적인 변

일기 쓰기가 중요한 진짜 이유

비를 해소한다는 점이다. 일기를 쓰며 불편한 감정을 글로 정리하고, 또 누군가가 그 일기를 읽고 공감해 주는 것만으로 아이들은 정서적인 해소를 경험하며 심리 치료를 받게 된다.

예를 들어 한 아이에게 동생이 태어났다고 해 보자. 아이는 혼자 독점하던 부모님의 사랑을 동생에게 빼앗겼다는 상실감을 겪게 된다. 누구나 이런 감정을 겪을 수 있다. 하지만 그 불편한 감정을 마음에 담아놓고 해소하지 못한 채 시간이 흐르면 어떻게 될까? 감정 자체가 문제가 아니라, 그것을 적절히 풀어내지 못하는 것에서 문제가 발생된다. 다시 말하면 그때그때 불편한 기분을 적절히 배설하지 못한 채 감정의 찌꺼기가 쌓인다면 문제는 더 심각해진다. 이런 감정의 찌꺼기가 누적되면 결국 자기 조절 능력이 떨어져 소아정신과 증상을 야기하게 되는 것이다.

그 불안한 감정을 일기에 써 보면 어떨까? 한 유명 연예인은 화가 나거나 스트레스가 쌓였을 때 욕 일기를 쓴다고 한다. 이 연예인은 일기를 쓰고 있노라면 어느새 불편했던 마음이 평온한 마음으로 회복된다고 했다. 이렇게 자신의 정서적 문제를 내면에 담아두고 생각하는 것과 내면에서 꺼내놓아 문제를 돌아보는 것은 전혀 다른 결과를 낳는다. 아이 내면의 문제를 스스로 일기장에 마구마구 쏟아내는 것만으로도 감정적인 해소를 하게 되는 것이다. 일기를 쓰면서 자신의 감정을 발산하는 것만으로도 스스로를 위로하는 일인 것이다. 그리고 그렇게 쏟아낸 흔적을 다시 돌아보면서 문제를 객관화할 수 있는 힘이 생긴다. 일기는 이 감정 찌꺼기를 쏟아내기에 가장 현명한 수단이라고 할 수 있다.

📅 날짜: 2013년 12월 1일 일요일　　　　　날씨: 바람이 신나 있다.

제목: 밉상인 우리 동생

우리 동생은 내 평생 동안 나를 계속 괴롭혔다. 예를 들면 내가 한지를 툭 쳤는데, 한지가 오버액션을 하더니 막 울어서 내가 맨날 혼난다.

우리 동생은 오버액션이 슈퍼스타 급이고 성격은 김연아 아니면 선생님처럼 나쁘고 몸매는 세계에서 가장 뚱한 돼지보다, 2천배 아니 5조배 더 뚱뚱할 것이다. 그러므로 한지는 중요하지 않고 아주 나쁘고도 나쁜 돼지 동생이다.

역시 지금 생각해도 돼지는 늘 오버액션이 문제였던 것 같다. 그래서 나도 오늘 똑같이 오버글이다. 오버글을 쓰고 나니 속이 시원하다.

일기 쓰기가 중요한 진짜 이유

윗글은 동생 때문에 늘 스트레스를 받는 한 아이의 일기이다. 글을 읽고 있으면 귀여움에 절로 웃음이 난다. 하지만 막상 본인의 아이가 쓴 일기라고 생각하면 걱정이 될 것이다. 아이가 동생을 미워하고 있다는 생각에 속상한 마음도 들고, 아이의 삐뚤어진 감정을 어떻게든 고쳐주어야 하지 않을까 고민도 될 것이다. 이 일기처럼 아이가 써놓은 글을 보면 억장이 무너질 때도 많다.

하지만 너무 걱정할 필요는 없다. 일기장에 쏟아내는 것이 동생을 몰래몰래 괴롭히는 것보다 훨씬 좋으니까 말이다. 그리고 무엇보다, 이런 과정을 통해 스스로 성장할 수 있으니 걱정은 잠시 접어두자. 부모가 참견하는 것보다 아이에게 시간을 주고 지켜보는 것이 좋다.

나는 윗글에서 마지막 문장 '오버글'이라는 표현을 보고 참 다행이라는 생각이 들었다. 자신이 쓰고 있는 글이 오버라는 점을 본인도 알고 있는 것이다. 이 아이는 늘 진심으로 동생이 잘못했다고 생각하며 일기를 썼는데, 스스로 자신의 감정이 과했다는 것을 인식하게 된 것이다. 사소해 보이지만 일기를 쓰며 놀라운 성장을 하고 있는 것이다. 언젠가 이 아이는 동생을 먼저 때린 것은 잘못이라는 일기를 쓰게 될 것이다.

일기 쓰기가 아이의 감정을 적절히 다스리도록 돕고, 인성교육에 도움이 된다는 생각은 나만의 의견이 아니다. 실제로 최근 세종시에서는 일기 쓰기가 인성교육의 대안으로 떠오르고 있다. 세종시는 '인간성회복운동추진협의회'와 함께 '사랑의일기연수원'을 마련하여 탐방 프로그램을 운영하고 있다. 특히 인간성회복운동추진협의회는 지난 1992년부터 "반성하는 아이는 비뚤어지지 않는다.", "일기 쓰는 아이는 남을 배려하고 존중한다."라는 신조를 가지고 사랑의 일기 쓰기 운동을 펼쳐왔다고 한다. 이미 20년이 넘게 일기 쓰기를 통해 인성을 기르는 실험은 이루어져 왔고, 적절한 성과를 일구어오고 있는 것이다.

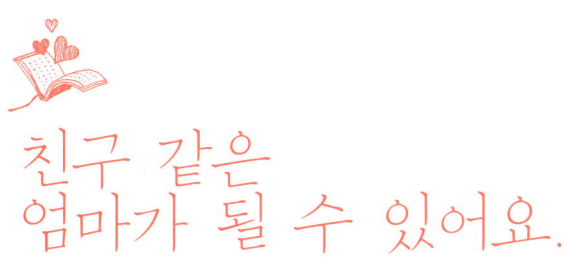

친구 같은 엄마가 될 수 있어요.

 엄마라면 자기 아이를 제일 잘 알 것 같지만, 의외로 아이의 마음을 궁금해하는 경우가 많다. 또 친구 같은 엄마가 되고 싶다고 얘기하는 경우는 많지만, 막상 어떻게 아이와 마음을 터놓고 친해져야 하는지 방법을 모르는 경우도 많다. 이런 엄마들에게 아이와 일기를 꼭 함께 써 보라고 권해 주고 싶다.

 일기 쓰기를 함께할 때 가장 좋은 점이 바로 자연스럽게 아이의 일상과 생각을 공유할 수 있다는 점이다. 일기 주제를 함께 정하며 아이의 일상을 자세하게 들어볼 수 있고, 이런저런 대화를 나누며 아이의 생각을 엿볼 수도 있다. 무엇보다, 아이의 마음을 진심으로 공감해 주면서 신뢰감과 친밀감이 쌓여 진짜 친구 같은 엄마가 될 수 있을 것이다.

최근 자녀와의 관계 회복과 인성교육을 위해 '감정코칭'이라는 개념이 효과를 누리며 각광을 받고 있다. 실제로 '감정코칭'을 통해 자녀와의 관계가 눈에 띄게 회복되었다는 사례가 많이 있다.

'감정코칭'이란 부모가 자녀의 마음을 이해하고 공감해 주며 자녀의 감정을 다독여 주는 방법이다. 〈내 아이를 위한 감정코칭〉의 저자 최성애 박사는 부모가 해야 하는 가장 중요한 일이 바로 아이의 감정을 공감하고 다독이며 코칭하는 일이라고 말했다. 예를 들어 아이가 실수를 했을 때 당황스럽고 화가 나는 엄마의 마음보다 아이의 놀란 마음을 먼저 헤아려서, "아이코, 많이 놀랐겠구나!" 혹은 "우리 ○○가 이런 실수를 다 했네, 괜찮아."라며 아이를 다독여 주어야 한다는 것이다.

감정코칭에는 5단계가 있는데, 엄마가 아이와 함께 일기를 쓰며 감정적 유대를 맺는 과정뿐 아니라 아이 스스로 감정을 해결하는 과정까지 놀라울 정도로 일치한다.

일기 쓰기가 중요한 진짜 이유

감정코칭 5단계	일기 쓰기 과정
아이의 감정 인식하기	아이와 일기 주제를 정하기 위해 아이의 일상에 대한 대화를 시도하면서 아이의 감정을 인식한다.
감정적 순간을 좋은 기회로 삼기	아이가 유난히 강한 인상을 받았거나 강한 감정을 보이는 일에 대해 이야기를 나눈다.
아이의 감정 공감하고 경청하기	아이의 감정과 생각을 엄마가 경청하고 이해하는 과정을 겪는다.
아이가 감정을 표현하도록 도와주기	아이가 느낀 감정과 생각을 일기장에 표현하도록 도와준다.
아이 스스로 문제를 해결할 수 있도록 하기	일기장에 쓴 글을 소리 내서 읽어 보게 하여 스스로의 감정을 객관화하고 문제를 해결할 수 있도록 이끌어준다.

아이와 일기를 함께 쓰다 보면 무엇보다 감정코칭의 핵심이라고 할 수 있는 '공감해 주기'의 과정을 자연스럽게 실천할 수 있다. 일기를 쓰는 동안 "그랬구나!"하며 자연스럽게 아이에게 공감의 표현을 할 수 있고, 일기장에 짧은 답글을 적어 주어 아이가 충분히 공감을 받았다는 인상을 줄 수가 있다. 예쁜 색깔 펜으로 적은 글씨 혹은 포스트잇에 적어 준 엄마의 짧은 피드백을 통해 아이는 스스로의 감정을 치유 받고, 또 그 감정을 돌아보며 객관화할 수 있는 힘을 얻게 된다.

그리고 엄마가 아이의 일기를 꾸준히 도와준다는 것은 아이의 속마음을 함께 공유한다는 점에서도 의미를 찾을 수 있다. 내가 경험한 모든 아이들은 좋은 사람이 되고 싶어 한다. 물론 아이에 따라 마음과 다르게 표현이 서툴 때도 있지만, 진짜 속마음은 칭찬 받고 싶고, 훌륭한 사람이 되고 싶어 한다. 엄마만큼은 아이의 진짜 속마음을 알아주어야 하는데 아이의 속마음을 알기 위해서 일기만큼 확실한 방법이 있을까?

일기는 지극히 사적인 일들을 담아내기 때문에 아이는 일기를 통해 솔직한 속마음을 고백하게 된다. 이때 아이의 생각에 충분히 공감하는 태도를 보이는 것이 중요하다. "뭐 그런 걸로 고민하고 그러니? 시시하다, 얘."라고 말하는 엄마와 "정말 고민되겠다. 말해 줘서 고마워. 엄마가 네 비밀 꼭 지킬게."라고 말하는 엄마가 있다면 아이들은 어떤 엄마에게 속마음을 털어놓고 싶어 할까? 그렇게 아이가 일기를 편하게 쓸 수 있는 환경을 만들어 주면 요즘 무슨 고민을 하는지, 무엇에 강하고, 또 무엇에 약한지, 어떤 사고 방식을 가지고 있는지 누구보다 아이를 자세하게 이해할 수 있게 된다. 그렇게 아이에 대해 알아가는 것이 바로 관계를 개선하고 유대감을 형성하는 기반이 아닐까?

일기 쓰기가 중요한 진짜 이유

📅 날짜: 2012년 8월 17일   날씨: 비가 왔다 안 왔다 변덕스러운 날씨

제목: 엄마는 왜 내 마음을 못 이해하시지?

오늘 드디어 '안녕' 하는 소리와 함께 졸업식을 했다. 이 졸업식은 영어 캠프가 끝났다는 뜻이다. 하지만 산 넘어 산인 것처럼 영어 캠프 숙제를 하느라 못한 많은 숙제를 벼락치기로 해야 했다. 피곤해서 쉬고 싶었지만 그래도 숙제를 했다. 하지만 숙제를 대충 한다고 엄마에게 꾸중만 들었다. 정말 빨리 해서 엄마를 기쁘게 해드리려 했는데…….

엄마는 항상 내 마음을 모르신다. 거기에다 아픈데 이정도 하면 된 것 아닌가? 사실 난 지금 38.2도다. 열이 나고 있다는 뜻이다. 빨리 숙제를 끝내고 싶다. 빨리 어서 학교도 가고 싶다.

위 일기를 읽은 엄마가 "우리 ○○이가 정말 열심히 숙제를 한 것도 모르고, 엄마가 미안해. 아픈 것도 꾹 참으며 숙제하는 네가 참 기특했단다."라고 몇 줄의 글을 남겨 준다면 아이의 화난 마음을 풀어줄 수 있을 것이다. 물론 숙제를 할 때 제대로 하도록 이끌어 주는 것도 중요하지만, 엄마를 기쁘게 해 주고 싶은 아이의 속마음을 알아주고 진심으로 공감해 주는 것이 엄마가 진짜 해야 할 역할이다.

의사소통 능력이 자라요.

　　　　의사소통은 생각이나 느낌을 주고받는 일인데, 그 방법으로는 몸짓, 표정, 말, 글 등이 있다. 물론 몸짓과 표정만으로도 자신의 의사를 전달할 수 있다. 하지만 인간은 복잡다단한 심리와 감정을 표현하기 위해 언어를 발전시켜 왔다. 특히 글은 생각을 정리하고 정제한 언어라고 할 수 있다. 그런 의미에서 글은 가장 어려운 의사소통 수단이라고 할 수 있다. 하지만 글을 쓰며 생각을 다듬고, 기록으로 남길 수 있기 때문에 다시 돌아보고 확인할 수 있는 장점이 있다.

 일기 쓰기가 중요한 진짜 이유

때문에 글쓰기는 의사소통을 위해 가장 정확한 수단이기도 하다.

의사소통을 할 때에는 자신이 전달하고 싶은 내용을 정확하게 표현해 내는 능력이 중요하다. 표현력이 뛰어나면 생각을 전하는 것이 수월해지기 때문이다. 일기를 쓸 때 머릿속에 있는 생각을 정리하고, 그 내용을 어떤 형식의 글로 옮겨야 정확하게 전달할 수 있을까 고민을 하게 된다. 이렇게 고민하는 과정 자체가 소통의 기술을 키워 주는 훈련이라고 할 수 있다. 일기를 통해 품고 있는 생각을 정확하게 표현해 내는 훈련을 한 아이는 그렇지 못한 아이보다 소통에 능숙한 사람으로 자랄 것이다.

일기 쓰기는 자신의 생각을 비교적 자유로운 형식으로 꾸준히 써 볼 수 있는 글쓰기 연습 과정이다. 슬픔, 기쁨, 원망 같은 사소한 감정부터 독도, 환경오염, 역사와 같은 심도 있는 주제를 다룰 수도 있다. 또 특별히 정해진 형식이 없기 때문에 편지글, 설명문, 수필, 감상문 등 원하는 형식으로 마음껏 써 볼 수 있다. 이렇게 다양한 주제를 자유로운 형식으로 풀어내면서, 자신의 생각을 표현하고 전달하면 자연스럽게 의사소통의 능력이 자라나게 된다.

특히 일기 쓰기를 누군가 함께해 준다면, 아이는 막연한 독자가 아닌 실제 자기 글을 읽어 줄 누군가를 설정하고 글을 쓰는 습관을 갖게 된다. 즉 실질적인 대상을 두고 자신의 생각을 정리하고, 상대에게 어떤 방식으로 들려주어야 효과적일지도 생각하게 된다.

이렇게 일기를 쓰는 과정과 더불어 엄마나 선생님의 코멘트를 통해서 아이는 다른 사람과 생각이나 느낌을 주고받는 훈련도 하게 된다. 자신의 생각을 넘어 사람들 각각 생각이 다를 수 있다는 사실을 인지하게 되고, 의견이 다를 경우에는 서로 합의점을 찾아가며 조율하는 법을 자연스럽게 배우게 된다.

날짜: 2013년 11월 30일 토요일   날씨: 오랜만에 햇빛이 쨍쨍

제목: 어른들은 왜?

어른들은 왜 내 건담 프라모델을 위협하고 또 왜 내 핸드폰을 위협하나. 나는 그것이 매우 궁금하다.

나: "저의 생각으로는 어른들이 내가 건담 프라모델을 만드는걸 너무 일찍 시작했다고 생각해서 그런 것 같습니다. 하지만 레고도 3살부터 했고, 건담은 어른보다 더 잘 만들 수 있습니다. 선생님은 어떻게 생각하시는지요?"

선생님: "선생님 생각으로는 건담 프라모델을 만드는 것은 교육적이라 대환영입

니다. 그러나 공부 시간에 건담 프라모델 생각에 빠져 있다는 사실이 걱정입니다. 수업에만 집중할 수 있다면 대환영입니다"

나: "수업시간에만 집중한다면 건담을 아무리 좋아해도 상관없는 것인가요? 그럼 잘 알았습니다. 노력해 보겠습니다."

 윗글은 건담 프라모델 만들기에 빠진 한 아이의 일기로, 소통하는 방식을 담은 일기이다. 이 아이는 수업 시간에도 자신이 만든 프라모델을 앞에 두고 틈만 나면 만지려고 하는 모습을 보였다. 지도교사였던 나는 아이가 수업에 좀 더 집중할 수 있도록 일주일간 프라모델 만들기를 금지시켰다.
 일주일 후 일기를 쓸 때 아이와 내가 실제로 나누었던 내용을 그대로 옮겨 쓰도록 했다. 아이는 일주일 동안 속상한 마음에 왜 프라모델을 금지 당해야 했는지 생각을 했던 모양이다. 아이는 자신이 나이에 맞지 않게 너무 어려운 프라모델을 만들고 있어서 어른들이 걱정하는 것이라고 나름의 결론을 내리고, 나에게 의견을 물어보았다. 나는 나이가 문제가 아니라 수업 시간에 집중을 방해하는 점이 문제라고 알려 주었다. 아이는 자신의 생각과 나의 의견을 글로 적으면서 상대방의 의견을 되새기는 과정을 겪었다. 즉 자신의 생각을 전달하고, 상대의 의견을 들은 뒤 합의점을 찾아내는 소통의 과정을 경험한 것이다.

　가끔은 이렇게 일기장에 엄마와의 대화를 담아 보는 것도 도움이 된다. 아이가 먼저 자신의 마음을 글로 적고, 엄마는 여기에 답하는 내용을 한 문장, 한 문장 또박또박 불러 주며 옮겨 적도록 한다. 평소에는 그냥 엄마의 잔소리라며 한 귀로 듣고, 한 귀로 흘릴 내용도 글로 옮기는 과정 중에 아이는 한 번 더 되새겨 생각하게 된다. 이런 과정을 거치며 상대의 말을 듣는 능력, 즉 경청하는 능력이 자라게 된다. 실제로 의사소통 능력은 일방적으로 자신의 생각을 말하는 것보다, 상대의 이야기를 경청하는 태도에서 결정되는 경우가 더 많다.

　일기는 상대의 이야기를 경청하고 서로 의견을 주고받는 훈련을 하기 위해서 꼭 필요한 글쓰기이다. 이런 훈련이 되어 있는 아이는 서로 충돌된 의견이 있더라도 당황하지 않는다. 상대방의 의견을 잘 들어주고, 자신의 생각만큼 다른 사람의 의견도 존중해 주며, 잘 수렴하여 보다 나은 방향으로 개선책을 찾아가는 노력을 꾸준히 해왔기 때문이다.

일기 쓰기가 중요한 진짜 이유

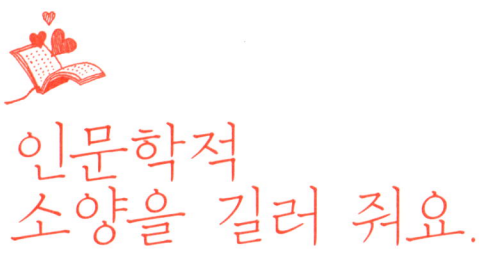
인문학적
소양을 길러 줘요.

현대 사회는 인문학의 위기라고 할 정도로 순수학문이 경쟁력을 잃고 있다. 그런데 아이러니하게도 인문학에 대한 관심은 어느 때보다 높은 것 같다. 서점에서 '인문학으로 무엇하다.' 혹은 '무엇과 인문학' 같은 제목의 책들을 적잖게 찾아볼 수 있는 것만 보아도 인문학에 대한 관심을 실감할 수 있다. 개인적으로는 인문학이 학문으로써의 자리를 잃고, 상품화되고 있진 않은지 걱정되는 지점이기도 하다. 그래도 '인문학'이 유의미한 가치를 지니고 있기에 이렇게 관심을 보이는 것은 아닐까 생각하며, 관심 그 자체는 반색할 일이라고 생각한다.

실제로 인문학은 마케팅이나 경영학의 기반이 되는 학문이라고 할 수 있다. 자본을 움직이는 가장 최소 단위는 인간이다. 그 인간에 대한 이해 혹은 인간의 심리와 정신에 대한 이해를 다루고 있는 학문이 바로 인문학이라고 할 수 있다. 인간이 어떻게 소비하는지, 사람의 마음을 움직이기 위한 접근법은 무엇인지, 이런 것들을 알기 위해서 인문학적 소양은 꼭 필요한 덕목이라고 할 수 있다. 그리고 어쩌면 이 인문학적 소양이 모든 학문의 기반이라 할 수 있다.

일기 쓰기는 이런 인문학적 소양을 갖추기 위해 꼭 필요한 과정이다. 흔히 사람들은 인문학을 지식의 문제로 이해하는 경향이 있는 것 같다. 지식이 많은 사람이 인문학적 소양도 갖추고 있다고 생각하는 것이다. 하지만 인문학적 소양의 핵심은 지식이 아니라 사고 능력에 있다. 물론 역사적 사실, 철학적 지식을 아는 것도 중요하다. 하지만 지식과 정보는 컴퓨터나 책만 찾아보면 언제든지 알 수 있는 것들이다. 중요한 것은 이런 정보와 지식을 해석하고 받아들이는 통찰력에 있다.

일기 쓰기가 중요한 진짜 이유

인간 세상에서 일어나는 모든 일들을 바라보는 시선 혹은 상황을 꿰뚫어 보는 능력은 인문학에서 매우 중요하다. 지식이 전혀 없는 상태, 즉 처음 접한 어떤 정보나 사실도 통찰력을 가지고 판단할 수 있는 능력이 바로 인문학적 소양의 핵심이다. 이런 능력은 '생각하기'를 통해 길러질 수 있다. 일상에서 발생한 사건을 다양한 각도로 바라보고, 깊이 생각해서 결론을 내리는 연습을 통해 생각의 깊이와 넓이를 확장하는 것이다. 그래서 일기를 쓰며 가장 강조하고 싶은 것이 바로 '생각하게 하기'이다.

일기는 다른 글쓰기 활동에 비해 부담 없이 지속적으로 할 수 있는 과제이며, 그날 있었던 일 중 하나를 골라 쓰기 때문에 기억에 생생한 사건을 정리해 보는 기회가 된다. 그냥 스치고 지나갔을 사소한 일도 일기를 쓰는 동안 한 번 더 되돌아봄으로써 사고력, 관찰력, 비판력을 키우고, 진짜 자신만의 관점으로 세상을 통찰할 수 있게 된다.

📅 **날짜**: 2012년 7월 22일 일요일   **날씨**: 비왔다 안왔다 참 변덕스러운 날씨

제목: 세종대왕 기념관

우리는 모두 한글을 쓴다. 만약 세종대왕이 없었다면 우리는 한글이 아닌 한자를 써야 했다. 나는 감사하지 않고 그냥 아무렇게나 한글을 쓰는 내 모습을 보니 좀 부끄럽다.

나는 또 세종대왕이 훈민정음 말고 다른 것도 발명을 하신 것을 어제 간 세종대왕 기념관을 통해 알았다. 세종대왕의 본명은 이도이다. 세종대왕이라는 이름은 나중에 세종대왕이 돌아가신 후 지은 것이라는 것을 알게 되었다. 조선시대의 왕들은 자신의 업적에 따라 돌아가신 후 묘(무덤)에 이름을 지어준다고 한다. 사람은 죽어서 이름을 남긴다고 했는데, 조선시대의 왕들은 진짜 살아서 이름과 돌아가신 후의 이름이 다르니, 훌륭한 왕으로 기억되기 위해서 노력했을 것 같다.

세종대왕이 없었더라면 우리는 과학문명이 많이 발달되지 않았을 것이다. 세종대왕은 집현전을 세워 신하들과 함께 훈민정음을 만들고 많은 것을 발명했다. 그 중의 하나가 측우기이다. 나는 세종대왕이 만든 것들에 놀랐다. 다음번에는 집현전에 있었던 사람 중에 한 명인 장영실을 조사해 보고 싶다.

윗글은 한 아이가 세종대왕 기념관에 다녀와 쓴 일기이다. '훈민정음', '집현전', '이도' 같이 새로운 지식을 아는 것도 중요하다. 하지만,

🖐 일기 쓰기가 중요한 진짜 이유

그저 새로운 것을 알게 된 데에서 그치지 않고 이런 지식을 통해 스스로를 성장시키는 것이 더 중요하다. 이 아이는 세종대왕이 누구나 쉽게 쓸 수 있도록 한글을 창제했다는 사실을 배웠고, 이를 통해 감사한 마음 없이 한글을 쓰고 있는 자신을 되돌아보고 있다. 또 조선시대 묘호의 개념을 일기에 쓰면서 그 의미를 되새겨 보게 되었다. 즉 일기를 쓰면서 알게 된 사실을 통해 생각하는 능력을 키우게 된 것이다.

머릿속 막연한 생각들을 글로 한 문장씩 옮기면서 아이 스스로 생각을 정리하게 하는 것, 이것이 바로 인문학적 소양을 키우는 단초라고 할 수 있다.

글쓰기에
흥미가 생겨요

　어떤 일이든 경험치에 따라 실력이 결정되기 마련이다. 글쓰기도 많이 써 보며 연습하면 당연히 잘 쓰게 된다. 일기를 쓰는 아이는 그만큼 글쓰기 연습을 하고 있는 셈이다. 일기를 많이 써 본 아이들은 글쓰기를 익숙하게 여길 뿐더러 어떤 글의 형식이 자신의 생각을 풀어내는 데 가장 좋은지, 자신이 어떤 글을 가장 편하게 쓰는지 알게 된다. 그러니 당연히 글쓰기에 도움이 될 수밖에 없다.
　그런데 연습 이외에도 글쓰기 실력에 영향을 미치는 요소가 또 있다.

일기 쓰기가 중요한 진짜 이유

바로 흥미와 관심이다. 하얀 도화지 같은 초등학생에게 글쓰기 실력은 타고난 재능이 아니라, 글쓰기에 대해 어떤 기억을 가지느냐에 따라 결정된다. 미술을 전공한 사람들 중에는 어릴 때 그림 그리기를 잘한다고 칭찬을 받았다는 경우가 많다. 칭찬을 받으면서 신이 나 그림을 더 많이 그리게 되었고 그 결과 실력이 부쩍 자라 전공으로까지 선택하게 되었다는 것이다. 글쓰기도 마찬가지이다. 어떤 계기로 글쓰기에 흥미와 관심을 가지게 된 아이는 탄력을 받아 실력도 눈에 띄게 발전한다.

글쓰기에 탄력을 받게 되는 계기는 다양하다. 그중 하나가 일기를 통해 긍정적인 효과를 맛보았을 때이다. 일기에 엄마나 친구에게 서운한 마음을 썼다가 오해가 풀렸다든지, 일기로 인해 상을 받았다든지, 아니면 선생님이나 엄마로부터 잘 썼다고 칭찬을 받았다든지 하는 즐거운 경험이 있다면 아이는 일기 쓰기가 괴로운 일이라는 생각에서 벗어나 흥미를 갖게 된다. 일기 쓰기에 흥미를 가진 아이들은 문장이 당당해지고, 책에서 보았던 좋은 표현을 시도해 보기도 한다. 이럴 때 누군가 옆에서 더 격려하고 기운을 북돋아 주면 일기뿐 아니라 다른 글쓰기에서도 관심을 갖게 된다.

아이들에게 일기 지도를 하며 흥미와 관심을 유발시킬 수 있는 최고의 방법은 바로 '칭찬'이다. 다른 방법보다 쉬운 반면 아이에게는 드라마틱한 영향을 미치기 때문이다. 일기 지도를 하면 글에 대해 칭찬할 수 있는 기회가 많아진다. 많이 쓰는 만큼 칭찬할 기회도 많기 때문이다. 자신이 쓴 글에 대해서 칭찬을 많이 받고, 이것을 인상적으로 기억하고 있는 아이는 스스로 글을 잘 쓴다고 느끼고, 글을 잘 쓰는 사람으로 성장할 수 있다.

실제로 내가 가르치는 한 아이가 독서 감상문 대회에서 상을 받은 적이 있었다. 하지만 내가 처음 이 아이를 만났을 때는 글을 잘 쓴다기보다는 오히려 못 쓰는 편에 속했었다. 나와 처음 만난 아이의 부모님은 아이가 수학적 머리는 매우 뛰어나지만 인문학적 감성이 떨어진다며 속을 태우고 있었다. 지리멸렬하게 일기를 쓴다는 부모님의 걱정과는 달리 아이는 감성이 겉으로 드러나지 않았을 뿐 무궁한 가능성을 가지고 있었다. 아이는 꾸준히 수업을 듣고, 우연히 나간 글쓰기 대회에서 상을 받게 되자, 글을 쓰는 태도도 실력도 부쩍 바뀌었다. 본인도 모르고 있던 능력을 발견한 듯 글쓰기에 신경을 더 쓰는 모습을 볼 수 있었다. 글쓰기에 조금씩 관심을 갖고 애정이 생기면서 책도 더 신중하게 읽게 되고 단어와 문장 하나에도 주의를 기울이게 된 것이다.

일기 쓰기가 중요한 진짜 이유

그렇게 글쓰기에 흥미를 갖게 되니 실력도 남다르게 성장했고 지금은 자기가 생각해도 글을 잘 쓴다는 농담까지 한다.

날짜: 2011년 11월 30일　　　　　　　날씨: 하늘이 온통 하얀색

제목: 평화 독서 감상문 대회

기대했던 일이 현실이 됐다!!! 뭐냐하면 지난번 출품했던 독서 감상문이 장려상이 되었다는 것이다.

평화방송국에서 주최하는 독서 감상문 대회였는데, 전국의 초등학교 학생들이 참여하는 어마어마하게 큰 대회였는데, 내가 뽑혀서 상을 받게 된 것이다. 아쉽게도 장려상이어서 상금은 못 받았다. 그래도 상을 받으니 좋았다.

오늘 전화해 보니, 어제 공문을 학교로 보냈다고 하고, 상은 12월 13일 즈음에 학교로 보내준다고 했다. 내가 대표로 상을 받으니 정말 기대가 된다. 저번에 KMF 수학 시험에서 금상 본선 진출 때는 학교에서 살짝 주어서 아쉬웠는데, 이번에는 칭찬을 많이 듣고 싶다.

내년에는 더 열심히 해서 특별상을 받아서 상금도 어마어마하게 받을 것이다. 아자 아자!!

꼭 상을 받지 않더라도 이런 마술 같은 일은 자주 일어난다. "너 참 글 잘 쓰는 구나!", "이런 표현은 정말 대단한데!"라고 진심을 담아 얘기해 주면 아이들은 정말 자기가 소질이 있나 생각하게 되고, 심지어 조금 지나면 정말 글을 잘 쓰게 된다. 이런 신기한 일은 아직 무궁무진한 잠재력을 갖고 있는 초등학생이기에 가능하다. 각자 아이들의 성격에 맞게 물꼬를 트듯 글쓰기에 탄력을 받으면 기대하지 않았던 실력이 쏟아져 나온다. 어쩌면 나 같은 과외 선생님보다 아이를 더 잘 아는 부모님이 이런 능력을 훨씬 잘 발굴해 줄지도 모르겠다.

'1만 시간의 법칙'이라는 말이 있다. 사람이 어떤 일에 성공하는데 걸리는 시간이 1만 시간이 걸린다는 의미를 담고 있다. 어떤 어려운 목표도 1만 시간의 노력을 투자하면 꼭 이루어진다는 법칙이다. 하지만 그냥 시간만 지난다고 성공하는 것은 아니다. 1만 시간은 그 성공을 위해서 투자한 시간을 의미한다. 초등학교 6년간을 시간으로 계산하면 52,560시간이다. 1만 시간을 훌쩍 뛰어넘는 이 시간 동안 글에 관심을 갖고, 읽으며, 글을 쓰게 하는 것은 정말 중요하다. 따로 글쓰기 수업을 받지 않더라도 일기를 통해 글에 흥미를 갖게 만들기만 하면 글 잘 쓰는 사람으로 성장할 것이다.

일기 쓰기가 중요한 진짜 이유

일기장은
역사책이에요.

　　　　　　　일기 쓰기 수업을 시작한 한 아이가 보물처럼 노트 한 권을 들고 왔다. 색이 누렇게 바랜 노트는 딱 봐도 아주 오래된 것 같았다. 아이는 노트를 가슴에 안고 빙그레 웃으며 자기 아버지가 초등학교 때 썼던 일기장이라고 자랑을 했다. 일기 쓰기 수업을 들으면서 아이가 일기에 관심을 갖게 되니, 아버지도 어릴 적 자신의 일기장을 찾아보게 된 모양이다. 초등학교 일기장을 지금까지 보관해 둔 그 학부모님이 너무 대단해서 입이 쩍 벌어졌다.

이 일기장 덕분에 아이는 초등학교 시절의 아버지와 만나는 뜻깊은 시간을 갖게 되었다. 오래된 일기장 속에는 아버지의 아버지, 그러니까 아이에겐 할아버지가 늦게 와서 놀아 주지 못했을 때의 서운함, 시험을 앞둔 어린 아버지의 긴장감, 새로 산 장난감 때문에 즐거웠던 일 등 '우리 아빠도 어릴 적엔 나와 비슷했구나!'라며 보다 친근하게 아버지를 이해할 수 있는 이야기들이 가득했다.

이 경험 이후로 학부모님에게 가능하면 아이들의 일기장을 잘 보관해 두도록 조언을 한다. 또 특별히 오랫동안 보관할 수 있도록 비닐로 표지를 한 일기장을 학생들에게 선물하기도 했다. 차곡차곡 모아둔 일기장은 아이의 역사책이 되기 때문이다. 이 역사책은 아이의 아들과 딸에게 다시 읽혀질 수도 있고, 먼 훗날 부모님이 어린 시절의 아이를 추억하며 꺼내 읽을 수도 있다. 그리고 무엇보다 아이가 성장하는 과정 과정이 생생하게 담겨 있는 역사책이 된다. 어떤 생각을 하며 성숙해갔는지, 생각하는 패턴은 무엇인지, 어떤 과정을 통해 생각이 성숙해지고 있는지 고스란히 담겨 있는 것이 바로 아이의 일기장이다.

일기 쓰기가 중요한 진짜 이유

📔 날짜: 2013년 6월 16일 일요일   날씨: 아주 덥다

주제일기 : 공부는 왜 해야 할까?

이번 주제는 왜 공부를 해야 할까 입니다.

자 이 영상을 보십시오.

엄마: 아들아 공부해라.

아들: 싫어.

엄마: 다하면 아이패드 줄게.

아들: 앗싸 지금 바로 시작할게.

아들: 공부 다 했어. 이제 아이패드 줘.

엄마: (자면서) 안 돼. 너무 늦었어. 그만 자라.

자 여기서 문제가 있습니다. 여기서 아들의 의견을 들어봅시다.

아들: 너무 서운합니다. 엄마는 저보고 숙제를 다 끝내면 아이패드를 준다고 하셨는데, 숙제를 정작 끝내면 맨날 엄마의 대답은 "늦었다. 빨리 가서 자라"입니다. 당신도 생각해 보십시오. 만약에 어떤 사람이 마사지를 해주면 100,000원을 준다고 하였습니다. 열심히 마사지를 해 줬는데 고맙다면서 돈도 안 주고 튀었습니다. 이러

면 얼마나 짜증나겠습니까?

엄마: 공부는 아들을 위해서 하는지 저를 위해서 하는 것이 아닙니다.

아들: 정말 공부는 나를 위해서 하는 것일까요?

 날짜: 2013년 9월 7일 토요일　　　　　　　　날씨: 가을 날씨

제목: 행복이란 무엇인가?

　내가 생각하는 행복은 공부를 안 하는 것이다. 내가 뒤센 스마일을 할 때는 행복하다는 뜻이고, 야구, 놀기, 노래, 아이패드, 루키, 밥, 만화, TV, 돈, 달력에 재량휴일이 적혀 있을 때 등등 무조건 노는 것과 관련이 아주~ 깊게 있다. 억지웃음을 지을 때는 김치를 먹을 때이다.

　하지만 공부를 하지 않으면 어른이 되어서 내가 원하는 것을 하지 못할 수도 있다. 그래서 지금 나는 행복하게 공부하는 걸 배우고 있다. 어쩌면 공부는 행복도 불행도 아닌지 모르겠다.

　위 두 일기 글은 같은 아이가 3월과 9월에 쓴 글이다. 두 글의 형식은 다르지만, 두 글 모두 공부에 관한 생각을 다루고 있다. 처음 글은 대화를 빌어 시나리오 형식으로 쓴 글로 조금 장난스러워 보이기도 하

 일기 쓰기가 중요한 진짜 이유

지만, 아이의 진심이 담겨 있다. 두 번째 글 또한 뒤센 스마일에 관한 글을 읽고, 놀 때가 즐겁다는 진심을 털어놓고 있다. 하지만 이 두 글 사이에서 아이의 성장을 엿볼 수 있다. 두 번째 일기에서 '공부는 행복도 불행도 아닌지 모르겠다.'라고 글을 마무리하고 있는데, 이 지점에서 첫 번째 일기를 쓸 때보다 공부에 대한 생각이 성장했음이 느껴진다. 불과 6개월 만에 놀라운 성장이 일어난 것이다. 이렇게 성숙해지는 과정을 담고 있는 것이 바로 일기장이고, 하나하나의 일기가 모여 아이의 역사책이 되는 것이다.

우리가 역사를 공부하는 이유는 무엇일까? 우리가 살아온 사회에 대한 이해를 더하고 사고 방식과 관습을 통해 앞으로 어떤 삶을 살아야 하는지에 대한 통찰력을 기르기 위함이다. 즉 역사는 과거를 통해 현재를 살아가기 위해 공부하는 것이다. 과거를 돌아보며 같은 잘못을 되풀이하지 않기 위해 역사를 되짚어 보는 것이다. 아이가 쓴 일기장 속에는 아이가 성장하는 과정 과정이 밀도 있게 담겨 있다. 무엇을 좋아했고, 무엇을 고민했는지 그 흔적이 기록되어 있다. 아이가 사춘기가 되어 어린 시절 일기장을 읽으며 스스로를 돌아볼 수도 있고, 어른이 되어 시련이 찾아오면 일기장을 읽어 보며 자신이 어떤 사람이었는지 확인해 볼 수도 있다.

　아이의 역사를 더 남기고 싶은 부모는 아이가 일기장을 새로 마련했을 때 첫 장 또는 표지 안쪽에 '존경하는 인물', '나의 올해 목표', '나의 취미' 등을 적게 해 보자. 이렇게 정리해 놓으면 일기장이 여러 권 모였을 때 아이의 생각이 어떻게 변했는지 한눈에 보여서 좋다.
　그리고 여력이 된다면 1년에 1번, 또는 2년에 1번 정도로 제본하여 책으로 만들어 보자. 책으로 만들어진 일기가 결과물로 보여 아이는 성취감에 일기를 더 열심히 쓰게 된다. 그리고 일기를 보관하거나 훗날 일기장을 들춰 보기에도 좋다.

일기 쓰기가 중요한 진짜 이유

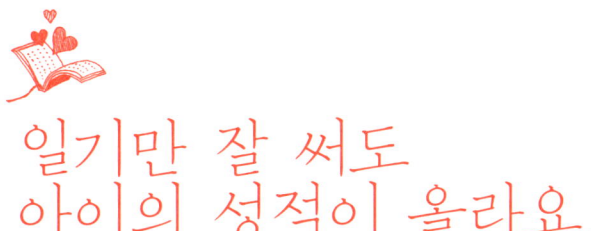
일기만 잘 써도
아이의 성적이 올라요.

최근 교육계는 서술형 평가 비중을 크게 확대하고 있는 추세이다. 교육부의 '초·중·고교의 서술형 논술형 평가 30%로 확대 시행' 발표는 교육계를 술렁이게 했다. 이런 추세를 받아들여 초등학교에서도 서술형, 논술형 평가의 비중이 점점 높아지고 있다. 그런데 학생들은 서술형, 논술형 평가와 상시평가에 아직 적응하지 못해 성적이 떨어지는 경향을 보이고 있다고 털어놓고 있다. 예를 들어 객관식 시험에서는 80~90점을 받던 학생이 서술형 문제는 40~50점 밖에 받지 못하는 경우가 허다하다고 한다.

　객관식 시험에서는 80점 이상을 받던 학생이 서술형 문제에서는 50점 이하를 받는 상황을 어떻게 설명해야 할까? 자신이 알고 있는 지식을 글로 풀어내는 데 문제가 있음을 반증하고 있는 것이다. 언어 능력이 부족하면 알아도 제대로 풀기 어렵다는 것이다. 서술형 시험에서 높은 점수를 받기 위해서는 문제를 이해하는 능력과 자신이 생각하는 답을 글로 표현하는 쓰기 능력이 필요하다. 서술형 시험은 국어나 사회뿐 아니라 수학과 과학에도 적용되고 있어, 교과 전반에 언어 능력이 절실히 요구되는 상황이라고 할 수 있다.

　다시 말하면 교과 성적이 오르기 위해서 언어능력의 기본기가 확실히 다져져야 한다는 것이다. 특히 언어능력 중에서도 듣기, 말하기 같은 입말이 아닌, 글말에 해당하는 읽기, 쓰기 능력이 절실히 요구되고 있는 상황이다. 즉 초등학교 때부터 책을 많이 읽고, 글을 많이 쓰는 훈련을 통해 글말의 기본기를 다져 주어야 고등학교까지 좋은 성적을 받을 수 있게 된 셈이다. 글말을 제대로 익히기 위해서는 읽기 훈련도 중요하지만, 문장을 써 보는 것이 무엇보다 중요하다. 머릿속에 있는 생각을 글로 옮겨 보는 연습을 통해 글말의 기본 단위라고 할 수 있는

일기 쓰기가 중요한 진짜 이유

문장을 익힐 수 있게 되고, 서술형 시험에 적응할 수 있다.

일기 쓰기는 알고 있는 것을 글로 표현하는 연습을 일상적으로 할 수 있어 효과적이다. 일기를 쓰며 문장에 익숙해지는 것은 물론 머릿속 개념을 글로 옮겨 볼 수 있다. 특히 학습 일기를 통해 수업에서 배운 내용을 글로 정리해 볼 수도 있다. 수업 중에 확실하게 이해하지 못했던 내용도 일기에 쓰며 한 번 더 생각하고 정리하며 체계화할 수 있어 효과적이다. 학습 일기의 주제는 국어, 영어, 수학은 물론 운동, 악기, 요리까지 무엇이든 좋다.

 날짜: 2011년 10월 26일
날씨: 아침은 춥다가 점심은 더움, 겨울이 다가오는지 밤이 빨리 옴
제목: 수업시간에 먹은 브라우니와 마시멜로우

오늘은 브라우니와 마시멜로우 덕분에 수업 시간이 달콤했다. 우리는 영어 시간에 과학을 했는데, 거기서 타는 것에 대해서 배웠다.

브라우니를 먹은 이유는 과학 시간에 액체(반죽)가 고체(브라우니)로 변하는 것을 관찰하기 위해서였고, 마시멜로우는 고체인데, 불에 닿으면 액체로 변하는 모습을 관

찰했다. 사실은 관찰보다는 달콤한 브라우니와 마쉬멜로우를 먹은 것이 기억에 남는다. 그래도 열에 의해서 액체가 고체가 되는 것, 고체가 액체가 되는 것이 무엇인지 확실히 알았다. 브라우니와 마쉬멜로우만 생각하면 되니까 말이다.

'염불에는 관심이 없고 젯밥에만 관심 있다.'는 속담처럼 마쉬멜로와 브라우니만 기억나지만 그래도 과학 시간에 배운 것을 다시 정리해 보니 재미도 있다.

윗글은 일상에서 가볍게 쓸 수 있는 학습 일기의 예이다. 달콤한 브라우니와 마쉬멜로우만 기억에 남는다고 털어놓고 있지만, 아이는 과학 시간에 배운 내용의 개념을 확실히 이해하고 있음이 짐작된다. 고체와 액체라는 단어를 사용하여 문장으로 정리하면서 수업 시간에 배운 주요 내용을 확실히 본인의 것으로 만드는 과정을 겪었기 때문이다.

학습 일기를 쓰면서 부담 없이 그날 새롭게 알게 된 내용을 가볍게 정리해 보는 것만으로도 개념을 확실히 익힐 수 있다. 더불어 어려운 점이나 부족한 부분, 느낀 점, 앞으로의 다짐도 함께 기록해 두면 더욱 도움이 된다. 또 왜 이것을 배우는 것일까 생각해 적어 보는 것도 좋다.

일기를 쓰게 되면 좋은 점이 또 한 가지 있다. 바로 미래를 설계할

일기 쓰기가 중요한 진짜 이유

수 있다는 것이다. 당장 성적이 올라가는 것도 중요하지만, 아이가 어른이 되어 어떤 삶을 살게 될지는 부모에게도, 아이에게도 무척 중요한 관심거리일 것이다. 일기를 쓰게 되면 현재 자신이 관심을 가지고 있는 것들을 바탕으로 미래에 자신이 어떤 직업을 가지게 될지, 어떤 사람이 되어 있을지 상상하곤 한다.

  2014년 동계 올림픽에서 주목을 받았던 스피드 스케이팅 이승훈 선수와 2002년 월드컵부터 꾸준히 관심을 받는 박지성 선수의 어린 시절 일기가 주목을 받은 적이 있다. 두 사람의 일기에는 공통점이 있었는데, 바로 자신의 목표를 구체적으로 썼다는 점이다. 초등학교 시절, 이승훈 선수는 "나는 7년 후 그러니까 고등학교 2학년 때 꼭 국가대표가 될 것이다.", 박지성 선수는 "내 꿈은 국가대표 축구 선수가 되는 것이다."라고 일기장에 썼다고 한다. 특히 박지성 선수는 일기장에 하루 일과와 함께 그날 배운 축구 전술이나 기술을 그림과 함께 정리했다고 한다. 두 사람은 지금 꿈을 이루어 훌륭한 국가대표 선수가 되었다. 그리고 그 꿈을 이루는 데에는 일기도 한 몫 했을 것이라고 자신한다.

　아이가 일기를 쓰기 위해 일기장, 연필, 지우개 등을 준비하는 동안 엄마는 마음의 준비를 해야 한다. 아이를 지도하는 일이 마냥 즐겁고 신나는 일은 아니기 때문이다. 물론 일기 지도하는 시간이 언제 지나갔는지 모를 만큼 재미있을 때도 있지만, 기대와 다르게 아이가 엄마의 화를 돋우는 인내의 시간이 될 수도 있다.

　그런데 아이를 지도할 때 엄마의 마음과 태도는 무엇보다 중요하다. 잠자고 있는 아이의 능력을 깨우는 것도, 자신감을 꺾어 웅크리게 만드는 것도 모두 엄마의 마음에 달려 있기 때문이다. 아이를 지도하기 전 엄마에게 꼭 필요한 마음의 조건을 알아보자.

Chapter 2

일기 쓰기
선생님이 되기
위한 마음가짐

가르치려 말고
아이의 팬이 되어 주세요.

 "아이의 글이 너무 서툴러서 걱정이에요."
 "칭찬해 주세요. 아이는 칭찬 받은 만큼 글을 잘 쓴답니다."

 나는 보통 새로운 아이를 가르치기 시작할 때, 처음 몇 주는 글쓰기 습관을 관찰하는 데 할애한다. 이때 염두에 두고 보는 것은 아이가 글을 잘 쓰느냐, 못 쓰느냐가 아니다. 얼마나 솔직하고 편하게 쓰느냐를 주로 관찰한다. 또래에 비해 어휘력과 문장력이 좋지만, 유난히 글

 일기 쓰기 선생님이 되기 위한 마음가짐

쓰기에 부담을 갖고 있는 아이가 있다. 이런 아이는 대체로 다른 글쓰기 선생님과의 안 좋은 기억이 있거나, 부모님께 야단을 맞고 일기를 썼던 기억을 갖고 있다. 안타깝게도 안 하는 것보다 못한 교육을 받은 셈이다. 이런 경우 아이가 편하게 즐기며 글을 쓰게 만들기 위해서는 꽤 오랜 시간이 걸린다. 글쓰기를 두려워하지 않고 즐길 수 있는, 즉 글쓰기에 좋은 인상을 갖게 만드는 것이 글쓰기 지도를 시작할 때 가장 염두에 둘 점이다.

가장 좋은 선생님은 아이가 신뢰할 수 있는 칭찬쟁이가 아닐까 생각한다. 아이가 쓴 일기 글에서 잘 쓴 문장 하나, 단어 하나를 찾아내서 칭찬을 해 주는 것, 그것이 아이가 글에 흥미를 갖게 하는 마법의 주문이다. 이때 중요한 것은 진심을 담아야 한다는 것이다. 아이들은 어른들이 진심으로 하는 말인지 그냥 형식적으로 하는 말인지 표정만 보고도 아는 것 같다. 아무리 엉망인 일기글 속에도 꼼꼼히 읽어 보면 칭찬거리가 꼭 하나씩은 있다. 그것을 찾아내서 칭찬해 주는 것, 그것이 바로 좋은 선생님이 해야 할 일이다.

이렇게 칭찬쟁이가 되어야 하는 까닭은 일기 쓰기 지도의 목표가 글을 잘 쓰게 하는 것이 아니라, 글쓰기를 좋아하게 하는 것이기 때문이다. 글쓰기를 즐기며 편하게 써내려 갈 때 진실한 글이 나오기 마련이다. 어떤 글이 좋은 글이냐에 대한 절대적 기준은 없다. 하지만 꾸미지 않은 진실한 글이 좋은 글이라는 데에는 대부분 동의할 것이다.

  실제로 국문학 관련 교수들의 글쓰기 책을 보면, 글쓰기에서 가장 강조하고 있는 것이 진실성이다. 그러기 위해 아이의 마음속에 있는 말들을 편하게 풀어낼 수 있도록 지켜봐 주는 인내심이 필요하다. 다시 말하면, 아이의 마음 속 생각이 엄마 마음에 들지 않거나, 글이 유치하다는 생각이 들어도 절대로 내색해서는 안 된다.

  문장의 진실성이라는 것은 꾸미려고 하지 않고 솔직하게 자신의 생각을 드러내 보여 주는 것이며 또 진지하게 추구된 진리를 그 내용으로 하고자 하는 성실함이 있어서 이 성실이 감동을 자아내게 하는 것이다. 즉 자신이 바라본 세계나 현상에 대해 얼마나 진실한 눈으로 바라보고 있느냐에 의해 이루어지는 것이라 할 수 있다.

「글쓰기를 두려워하지 말라」 서울대학교 박동규 명예교수

  혹시 어릴 때, 일기장 검사를 받으면 선생님의 코멘트를 긴장하며

일기 쓰기 선생님이 되기 위한 마음가짐

읽었던 기억이 있지 않은가? 선생님의 코멘트를 받으려고 일기를 쓴 적도 있을 것이다. 아이들도 그렇다. 자신이 쓴 글에 대한 반응을 궁금해한다. 아이가 신바람이 나서 글을 쓰게 하려면 역시 칭찬만 한 것이 없다. 이미 앞에서 언급했지만, 아이들은 잘한다고 몇 번 얘기해 주면 정말 그렇다고 믿고 동력을 얻어 더 잘하려고 노력한다. 신기한 것은 칭찬을 하면 정말로 아이가 글을 잘 쓰게 된다는 점이다. 특히 초등학생은 무한한 가능성을 가지고 있는 나이인 만큼, 당장 글이 서투르다고 실망할 필요는 절대로 없다. 시간이 놀라운 변화를 안겨 줄 거라고 그냥 믿으면 된다.

대한민국의 모든 어머니들이 이 순간을 꼭 경험해 보았으면 좋겠다. 그러기 위해 아이의 일기장에 팬이 되어 답글을 달아 주자. 학교에 제출할 일기장이라 직접 글을 쓰기가 꺼려진다면 포스트잇에 손 글씨로 적어 주면 된다. 그리고 어머니의 코멘트가 담긴 일기장에 선생님이 다시 글을 적어 주기도 하니까 굳이 걱정할 필요는 없다. 선생님이 어떻게 생각할까 염려가 된다면 선생님에게 솔직하게 말하는 것도 방법이다. 아이의 일기에 관심이 많아서 이런저런 칭찬을 해 주고 싶다고 솔직하게 얘기를 한다면 이해하지 못할 선생님도 없을 것이다. 일기를 통해 아이와 엄마, 선생님이 함께 소통할 수 있다면 얼마나 좋은가?

　코멘트를 달 때도 '좋다', '나쁘다' 등의 평가보다는 아이의 감정에 대해 반응해 주는 것이 좋다. 기쁜 일이 있는 날이었다면 얼마나 기뻤는지 물어봐 주거나, "기분이 정말 좋았겠구나. 그래서 이렇게 글을 잘 썼나 보구나!" 이렇게 써 주면 아이에게 공감도 해 주고 칭찬도 함께해 줄 수 있다. 그리고 틀린 맞춤법, 틀린 문장을 하나하나 꼬집어 빨간 글씨로 고쳐 주는 행동은 절대 피해야 한다. 일기장에 표시된 빨간 글씨는 그 자체로 아이에게 큰 상처를 남긴다. 대신 아이가 일기를 다 쓰고 나면, 아이 스스로 소리 내서 읽게 해서, 비문이나 틀린 맞춤법을 스스로 고치게 하는 것이 더 효과적이다.

일기 쓰기 선생님이 되기 위한 마음가짐

화내지 않기! 기다려 주기!
안내하기! 보상하기!

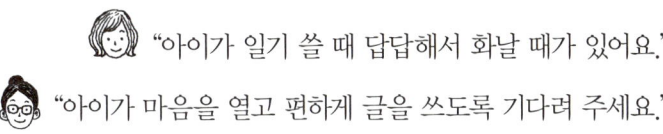
"아이가 일기 쓸 때 답답해서 화날 때가 있어요."
"아이가 마음을 열고 편하게 글을 쓰도록 기다려 주세요."

아이와 일기 쓰기를 함께하기 위해서 스스로 다짐해야 할 점이 또 한 가지 있다. 이 시간만큼은 절대로 아이를 야단치지 말라는 것이다. 아이를 돕겠다고 시작한 일인데 엄마는 스트레스를 받고, 아이는 주눅이 들어 일기 쓰기가 무섭고 괴로운 일이 되어버린다면 그건 최악의 상황이다. 이런 각오가 없다면 그냥 아이 혼자 쓰게 놔두는 것이 좋다. 아니면 다른 선생님을 찾는 것이 현명하다. 자! 아이를 지도하기 전에 먼저 화내지 않기! 기다려 주기! 안내하기! 보상하기! 이 4가지를 스스로 다짐해 보기 바란다.

● 화내지 않기!

일기 쓰기 지도를 할 때 꼭 필요한 덕목이 바로 아이를 지켜보고 기다려 줄 수 있는 인내심이다. 엄마도 사람인데, 감정이 상하고 속상할 수 있다. 이런 감정 때문에 본인도 모르게 버럭 화를 내게 될 것이다. 충분히 이해가 된다. 그런데 어쩌면 이 감정은 아이에게 문제가 있다는 걱정, 혹은 아이가 잘못되지 않을까 하는 엄마의 두려움에서 기인하는 경우가 더 많다.

그런 엄마에게 조금씩 아이를 지켜보고 기다려 줄 수 있는 인내심을 길러 주는 것이 바로 일기 지도의 핵심이다. 아이가 쓴 글에 문제가 보이면 마음이 조급해지기 마련이다. 하지만 그것이 결과가 아니라 과정이라고 생각하면 조금 마음이 놓일 것이다. 아이가 성장하면서 겪는 과정이라고 생각하면 스스로 그 문제를 해결할 때까지 옆에서 기다려 줄 수 있는 힘이 생기기 때문이다. 비록 오늘은 아이가 혼란스러워하더라도 내일은 달라질 거라는 믿음. 지금 이순간도 아이는 조금씩 성장해 나간다는 사실을 진심으로 깨닫는 것이 중요하다.

사실 일기는 지극히 개인적인 글쓰기이기 때문에 엄마가 함께한다는 이유만으로도 자기 검열을 하게 만들 수 있다. 글이란 자신이 쓰고 싶은 것이 있을 때, 그것을 있는 그대로 편하게 쓸 때 가장 잘 써진다. 이럴 때 내용도 충실하고 좋아진다. 엄마 입장에서는 아무거나 한 장 빨리 써 버리면 좋겠다 싶지만, 아이의 입장은 다르다. 자신의 생각에 부모가 어떻게 반응할지 본능적으로 민감해진다. 가만히 앉아 있는 것처럼 보여도 아이의 머릿속에는 수많은 생각이 오가고 있다. 일기장을 앞에 두고 '이걸 써야 하나? 말아야 하나?', '엄마는 뭐라 하실까? 선생님은 뭐라 생각하실까?' 등등 머릿속이 복잡하다. 이런 아이에게 화를 내는 순간, 아이의 마음은 닫히고 일기는 고통의 숙제가 되어 버린다. 오히려 일기장에 어떤 생각도 마음껏 담을 수 있고, 심지어 욕을 해도 야단맞지 않는다는 사실을 확인시켜 주는 것이 더 중요하다.

만약 아이와 함께 일기 쓰는 시간을 1시간으로 정했다면, 그 시간만큼은 무슨 일이건 아이가 절대적으로 옳다는 전제로 접근해야 한다.

공부보다 게임이 중요하다고 해도, 친구나 선생님을 미워해도 아이의 생각을 그대로 받아들여야 한다.

물론 일기장에 쓴 내용을 두고 나중에 문제 삼는 것도 옳지 않다. 당장은 잘못된 판단을 하는 것 같아 보여도, 아이 스스로 자정 능력이 있고 올바른 방향으로 나아갈 수 있다고 믿어 주어야 한다. 그래야지 아이가 선뜻 마음을 열고 자신의 비밀을 엄마와 함께 나눌 수 있게 된다.

● **기다려 주기!**

직장을 다니는 부모라면 더욱 그렇고, 주부의 경우도 바쁜 가사 노동을 하면서 하루 한두 시간씩 일기 쓰는 아이를 봐주는 건 쉬운 일이 아니다. 아무리 일기를 함께 쓰기로 했어도 아이가 알아서 잘, 그리고 빨리 써 주었으면 하는 것이 인지상정이다. 하지만 빨리 쓰라고 윽박지르기보다, 그 시간이 엄마와 속 깊은 대화를 나누는 즐거운 시간이라고 느끼도록 하는 것이 우선이다. 그 시간이 즐거우면 집중력도 좋아지고 글 쓰는 시간도 차츰 속력이 붙는다. 엄마가 자신의 생각에 공감해 준다고 느낄 때 아이도 즐겁게 다가올 테니, 길게 생각하고 접근하자. 어차피 6년이라는 지루한 시간이 남아 있다. 보통 1년 이상의 노력이 필요하니, 어려운 일이지만 인내심을 갖고 기다려 주길 바란다. 이렇게 꾸준히 1년 정도를 하면, 어딘가 아이와의 관계도 많이 달라진 것을 느낄 수 있을 것이다.

● **안내하기!**

일기를 쓰는 시간 동안 엄마는 아이의 인생 선배로서 안내자가 되어야 한다. 자신은 같은 나이 때 어떤 생각을 했는지, 어떻게 일기를 썼는지 기억해 보고, 그 시절 아이의 입장에서 안내하는 것에서 그쳐야 한다. 아이들도 스스로 도덕적인 판단을 내릴 수 있다. 다시 말하면 엄마가 대신 결론짓지 말고, 아이가 스스로 결론짓도록 하고 그 결론을 존중해 주어야 한다. 그렇게 될 때 아이가 진정한 성장을 이룰 수 있다. 장담하는데, 몇 달만 이런 자세로 아이를 대하면, 엄마를 조금씩 신뢰하기 시작하면서 태도가 달라질 것이다.

● 보상해 주기!

　이건 내가 아이들을 가르치면서 얻은 유용한 팁이다. 아이들은 보상이 있을 때, 평소와 다른 집중력을 발휘한다. 개인적으로 이것을 '뿌셔뿌셔' 효과라고 부른다. 가끔 글 쓰는 데 집중하고 기분 좋게 수업을 마치면 아이가 좋아하는 과자를 온갖 요상한 방법으로 나눠 먹곤 한다. 물론 부모님에게 양해를 구하고 한 일이다. 이렇게 함께 과자를 먹고 나면 나는 아이와 비밀스러운 공범이 된다.

　아이들은 뭔가 금지된 일을 함께할 때 마음을 연다. 그래서 일기 쓰기 선생님을 자처한 부모님도 이 방법을 이용해 보길 권한다. 평소에 금지했던 일을 일기 쓰기의 보상으로 제공해 보자. 단 게임을 허락하는 것만은 반대다. 게임은 그 자체로 뇌를 자극하기 때문에 가능하면 시작하지 않는 편이 좋다. 만화책을 한 권 보게 해 준다거나, 평소에 못 먹게 하던 라면을 끓여 준다거나 뭔가 아이와 비밀스러운 협약을 만들면 아이와 강한 연대감이 생길 것이다. 단 너무 자주 이 공약을 외치면 보상에만 연연할 수 있으니, 한두 달에 한 번씩 적당히 해야 한다. 유난히 아이가 글쓰기 매너리즘에 빠져 있다고 느낄 때, 혹은 슬럼프에 빠져 있을 때 적당히 이 방법을 이용해 보길 권한다.

글을 못 쓰는
엄마도 자신감을 가지세요.

 "제가 글을 잘 못 쓰는데 아이를 가르칠 수 있을까요?"
 "글쓰기 실력보다 관심이 훨씬 더 중요하답니다."

　학부모님을 만나 평소에 아이들을 지도해 달라고 부탁드리면, 주로 본인은 글을 잘 못쓴다며 어려워한다. 충분히 이해가 된다. 학창 시절 원고지를 앞에 놓고 글쓰기만 시작하면 머릿속이 하얗게 변했던 건 나도 마찬가지였으니까. 하지만, 글을 못 쓴다고 좋은 선생님이 되지 못할 이유는 없다. 좋은 선생님이 해야 할 것은 글 쓰는 것을 가르치는 것이 아니라, 즐겁게 글을 쓰게 하는 것이다. 아이의 머릿속에 담긴 생각을 자극해서 불러내고, 그것을 쓰도록 하면 된다. 부모님의 입장에서는 6년간 본인도 글에 관심을 갖고 생각할 시간을 갖는다고 접근했으면 좋겠다.

그리고 학부모님들의 또 다른 고민은 자신이 옳은 기준을 제시할 수 있는지 자신이 없다는 것이다. 혹시 글 양식에 어긋나거나 바르지 않은 표현을 사용하도록 잘못 가르쳐서 아이에게 문제가 되지 않을까 불안해한다. 하지만 8~13세 초등학생이 쓰는 글이 틀리면 얼마나 틀리고, 맞으면 얼마나 맞겠는가? 지금 아이가 하고 있는 학습은 자신이 하고 있는 생각을 글로 표현하는 능력을 키우는 것이다. 그러니 양식에서 조금 벗어나거나 옳지 않은 표현을 쓴다고 해도 문제가 되지 않는다. 오히려 이 시기에 양식에서 벗어난 글을 많이 써 봐야 나중에 좋은 글을 쓸 수 있게 될 것이다. 인간은 늘 실패를 통해서 성장한다.

이미 여러 번 언급했듯 글을 못 쓴다는 것은 '글쓰기에 관한 나쁜 기억을 가지고 있다'의 동의어이다. 글을 못 쓰던 사람도 글쓰기에 대한 좋은 기억을 반복하면 스스로 글을 잘 쓴다고 믿게 된다. 아이가 즐겁게 글을 쓰게 돕는 것은 이런 의미에서 글쓰기에 대한 좋은 기억을 반복하게 하는 훈련인 것이다. 그러니까, 글을 잘 쓰고 못 쓰고는 별 상관없다. 부모라는 이유만으로도 아이가 글쓰기에 대한 좋은 기억을 갖게 할 충분한 자격이 있다. 아이들에게 부모님의 평가는 절대적이다. 즉 아이들이 쓴 글에 좋은 평가를 많이 내리는 것만으로도 좋은 기억을 남길 수 있다.

마지막으로 글을 잘 못 쓴다고 고백하는 부모님을 위해 한마디를 더 하면, 나는 대학에서 글쓰기 수업을 받을 때보다 아이들을 가르치는 시간을 통해 더 많은 것을 배웠다. 나는 절대로 떠올리지 못할 생각들이 아이들의 글속에 있었고, 세상에 대한 넓고 다양한 시각에 늘 놀라워한다. 자신의 능력이 어떤가보다는, 아이들을 통해서 배울 수 있다는 점에 조금 더 의미를 가져 보면 어떨까 조언을 하고 싶다.

아이를 위해
일주일에 3시간 투자해요.

 "아이가 혼자 일기를 쓰면 좋겠는데, 꼭 함께해야 하나요?"
 "아이를 위해 일주일에 딱 3시간만 할애해 주세요."

내가 만나는 학부모님들은 "딴 아이들은 혼자서도 일기를 잘만 쓰는데, 자기 아이는 일기 하나도 혼자 못 쓴다"라며 속상해한다. 참 신기하게도 늘 엄마 친구 아이들은 다 잘한다. 그런데 내가 만나 본 모든 아이들 중에 시키지 않아도 혼자서 잘하는 경우는 단 한 번도 없었다.

일기 쓰기 선생님이 되기 위한 마음가짐

숙제니까 억지로 해내는 아이는 있지만, 마음에서 우러나 스스로 하는 경우는 정말 드물다.

아이를 위해 발전적인 일기를 쓰기 위해서는 늘 관심과 노력이 필요하다. 그리고 아이들은 관심 가져 주는 만큼 성장한다. 혼자서 잘 해 주길 바라는 것은 그저 엄마들의 욕심일 뿐이다.

일기 쓰기를 위해 얼마만큼의 시간이 필요할까? 부담가질 만큼 오랜 시간이 필요하지는 않다. 일주일에 3시간 정도만 아이를 위해 투자해 주자. 마음만 먹으면 못할 것도 없는 시간이다. 일기가 주는 효과에 비하면 그렇게 긴 시간은 아니다. 가능하면 아이와 일기 쓰는 횟수와 시간을 함께 정하고, 그 시간만큼은 꼭 지키도록 하는 것이 좋다. 엄마와 아이가 함께 정한 시간이므로, 엄마도 아이도 일기 쓰는 시간을 꼭 지켜야 하는 소중한 약속으로 인식해야 한다. 일기 지도는 아이 교육을 위해서도 필요하지만, 엄마가 아이를 이해하고 유대감을 형성하는 데 더 큰 효과가 있으니 이 시간만큼은 꼭 함께해 주길 권하고 싶다.

일기를 함께 쓰기로 했다면 엄마도 1시간 정도 시간을 비워 놓자.

아이에 따라 일기 쓰는 시간은 차이가 있겠지만, 대략 일기 한 편을 쓰는 데에는 1시간 정도가 걸린다고 생각하면 된다. 글을 빨리 쓴다고 좋은 것도 아니고, 오래 쓴다고 내용이 충실한 것도 아니다. 글감을 정하고, 생각을 정리하고, 줄 노트 한 바닥을 글로 채우고, 마지막으로 읽고 고치기까지 1시간 이상의 시간은 필요하다.

만약 아이가 글을 쓰는 데 걸리는 시간을 파악하고 싶다면 함께 일기를 쓸 때, 시작하는 시간과 글을 마친 시간을 적어 두면 도움이 된다. 이렇게 시간을 정확히 적어 놓으면 아이가 일기 한 편을 쓰는 데 걸리는 평균 시간을 알 수 있다. 더불어 글과 시간을 보면서 글이 잘 써지는 시간대를 파악할 수도 있고, 시간대별로 아이의 감정 상태를 비교해 보며 아이의 유형을 파악할 수도 있다.

그렇다면 일주일에 일기는 몇 번을 쓰는 게 좋을까? 앞에서 일주일에 3시간을 투자하고, 일기 한 편에 1시간 정도가 걸린다고 했으니 일주일에 3번 정도로 이미 계산을 끝낸 엄마도 있을 것이다. 하지만 일기 쓰는 횟수는 학년에 따라 다르다. 더 자세히 말하면, 내용의 깊이에 반비례한다고 생각하면 된다.

저학년의 경우, 집중할 수 있는 시간이 짧기 때문에 1시간을 힘들어

하면 40분 정도로 시간을 줄여 주는 게 좋다. 대신 일상적인 내용을 주로 다루는 만큼 일주일에 4번에서 5번까지 횟수를 조금 많이 정한다. 저학년 때 이렇게 일기를 자주 쓰게 되면 규칙적으로 일기 쓰는 습관을 가질 수 있고 일기 쓰기를 친밀하게 느낄 수 있게 해 주어 좋다.

반면 고학년이 되어서 내용도 깊어지고 양도 많아지면, 일주일에 2번에서 3번 정도로 횟수를 줄여 주는 것이 좋다. 이때 횟수는 줄여 주되, 내용을 좀 더 알차게 쓸 수 있도록 이끌어 주어야 한다. 하지만 고학년도 1시간을 꼭 채워야 한다는 고정관념은 버리자. 시간을 채워야 한다는 고정관념은 아이에게 지루함과 따분함을 줄 수 있다. 아이가 집중해서 짧은 시간에 일기를 끝내면 보상처럼 남은 시간 동안 함께 놀아 주거나 좋아하는 놀이를 하도록 하자. 그럼 아이는 동기 부여가 돼서 일기 쓰기에 더 집중할 것이다.

어떻게 보면 엄마가 일기를 가르칠 수 있는 시기는 그리 길지 않다. 아이가 자신의 일기를 엄마가 함께 쓰도록 허락하는 시간은 초등학교 시절이 유일할 수 있다. 아이의 글쓰기 기본기를 다지고, 정서를 안정시키며, 엄마와 아이가 진심으로 친해질 수 있는 일기 쓰기가 이 시기를 놓치면 영원히 함께할 수 없는 일일 수도 있는 것이다. 오히려 훗날에는 아이와 온전히 함께 보낼 수 있는 이 시간이 절실하게 그리워지지 않을까? 그러니 가능하면 아이 옆에 붙어서 이런저런 질문도 하며 신경을 써 주자. 일기 주제도 함께 찾아 주고, 아이의 감정과 생각에 공감도 해 주고, 적극적인 반응도 해 주어야 한다. 그래야 아이는 규칙적으로 일기 쓰는 습관을 들이고, 엄마는 아이와 유대감도 형성하고 친밀해질 수 있다.

 일기의 글감은 보통 아이가 정하도록 하지만 가끔은 엄마가 제안을 해도 좋다. 물론 '이걸 써!'가 아니라 '이건 어떨까?'하며 아이가 생각하는 글감에 하나를 더 얹어 주는 정도로 말이다. 아이와 함께 시간을 보내다 보면 일기에 담으면 좋겠다고 생각되는 일상의 순간순간들이 있다. 이럴 때는 휴대 전화를 꺼내서 사진이나 동영상으로 남겨 보자. 나중에 아이와 일기를 쓸 때, 찍어 놓은 사진이나 동영상을 보면 그 순간을 보다 생생하게 떠올리며 글을 쓸 수 있기 때문이다. 혹은 문득 떠오르는 문구가 있다면 휴대 전화의 녹음 기능을 이용해서 아이의 말이나 엄마의 코멘트 등을 녹음해 두는 것도 도움이 된다.
 아이를 처음 지도할 때는 절대로 욕심을 내어서는 안 된다. 처음에는 무조건 아이가 기분 좋게 일기를 쓰도록 하는 것이 제일 중요하다.

일기 쓰기 선생님이 되기 위한 마음가짐

아이가 '엄마랑 일기를 쓰니까 더 잘 써지고 재미있네!'라고 느낄 수 있도록 하는 것이 이 시기의 가장 중요한 포인트라고 할 수 있다. 이때는 아이가 글을 조금 못 쓰더라도 상관없다. 글쓰기에 대한 욕심을 버리고, 그저 즐겁게 솔직한 마음을 있는 그대로 글로 옮길 수 있도록 도와주는 것이 최선이다.

　엄마가 일기를 지도하는 최종 목표는 앞에서 말했듯 일기를 잘 쓰는 아이가 아니라 일기 쓰기를 좋아하는 아이를 만드는 것이다. '노력하는 사람은 즐기는 사람을 이길 수 없다'라는 말처럼 아무리 오랫동안 일기를 가르치고, 많은 일기를 쓰게 해도 아이가 관심이 없다면 아무 소용이 없다. 반면 아이가 일기 쓰기에 관심이 있다면, 특별히 시키지 않아도 스스로 일기를 잘 쓰기 위해 끊임없이 노력하게 될 것이다.

　어떻게 하면 아이가 일기 쓰기를 좋아하게 만들 수 있는지 몇 가지 방법을 알아보자.

Chapter 3

내 아이가 일기 쓰기를 좋아하게 하려면

글로 이야기해요

글에는 힘이 있다. 말로는 아무리 얘기해도 잘 듣지 않던 것도 글로 마음을 전할 때는 효과가 있다. 한번은 한 아이가 게임 중독에 빠져 있는 순간이 있었다. 태블릿 PC를 선물 받고는 신기해하더니 어느 순간 게임에 푹 빠져 버린 것이다. 무척 걱정이 되어 한동안 아이를 지켜보았다. 자극적인 게임 때문에 자칫 다른 일에 흥미를 잃을까 봐 속이 많이 탔다. 부모님에게 사실을 알리자니, 힘들게 쌓은 아이와의 신뢰 관계가 깨질 수 있어 난관에 부딪치게 되었다.

점점 수업에 흥미를 잃어가는 모습을 보고 결단을 내려야만 했다. 하루 큰마음을 먹고 아이에게 선물을 주었다. 별것은 아니고, 글쓰기가 싫다면 내가 대신 써 주겠다고 제안한 것이다. 나는 입장을 바꾸어 최대한 아이의 감정을 담아 글을 썼다. 그리고 내가 쓴 글을 아이에게 소리 내서 읽도록 했다. 아이의 반응은 놀라웠다. 말초적인 자극에 빠져 자신의 감정만 호소하던 아이가 본인의 모습을 객관적으로 보고 부끄러움을 느낀 것이다. 내가 쓴 짧은 글에 아이 스스로를 돌아보게 하는 힘이 있었기 때문이다. 게임이 나쁘다고 백 번 얘기해도 잔소리로만 여기던 아이가 글 한 편의 힘으로 조금씩 변하기 시작했다. 마음을 움직이는 글의 힘이 발휘된 순간이었다. 이렇게 글을 통해 상황을 객관화하는 훈련은 무엇보다 중요하다.

일기 날짜: 2012년 07월 09일

날씨 : 돋보기에 타는 개미가 된 것 같은 더위

제목 : 부끄러운 내 모습

요즘 게임 중독이 아닌가 걱정이 된다. 아버지가 새 핸드폰을 사주신 이후로 게임을 하는 시간이 부쩍 늘었다. 핸드폰은 늘 가지고 다니기 때문에 원하면 언제나 게임을 할 수 있다. 그래서 그런지 자꾸만 게임이 하고 싶어진다.

　게임을 하고 있으면 시간 가는 줄 모르고 빠져들게 된다. 예전에는 책 읽는 것도 좋아하고, 동생과 밖에 나가서 놀기도 하고, 친구들과 노는 것이 좋았는데, 게임을 하다보니 이젠 다른 놀이들이 시시해졌다. 핸드폰이랑 아이패드를 압수당했을 때, 괜히 속상해서 눈물이 났다. 기계들이 없는 몇 시간이 너무 견디기 힘들었기 때문이다.

　게임은 너무 자극적이기 때문에 참는 힘을 길러야겠다. 핸드폰 게임은 언제 어디서나 손쉽게 재미를 느낄 수 있고, 점수를 올려 기록을 세우고 싶은 욕심 때문에 자꾸만 하게 된다. 그런데 이렇게 재밌는 게임을 하다보면, 숙제도 하기 싫고, 수업도 자꾸 싫어진다. 그냥 하루 종일 게임만 했으면 좋겠다. 그런데 그런 내 모습이 조금 걱정도 되고, 부끄럽기도 하다.

　나는 아직 게임 중독은 아니다. 그러니 자제력을 키울 수 있는 생활습관을 길러야겠다. 학교에서처럼 부모님께 핸드폰을 맡기고 하루에 한 번씩만 게임을 하도록 해야겠다. 숙제와 공부를 마친 다음에 게임을 하는 습관을 길러야겠다. 그리고 엄마가 만화책을 못 보게 하시는데, 잘 얘기해서 만화책을 읽을 수 있도록 해야겠다. 그래도 만화가 게임보다는 좋으니까. 그리고 가능하면 재밌는 책도 찾아보고 읽도록 해야겠다.

내 아이가 일기 쓰기를 좋아하게 하려면

아이 대신에 글을 쓸 때에는 아이의 입장에서 충분히 공감될 수 있는 내용으로 접근하는 것이 가장 중요하다. 아이가 '어떻게 내 마음을 이렇게 잘 알고 있지?'라고 느낄 정도로 아이의 마음을 정확히 읽어 낼 때 아이에게 더 큰 자극이 된다.

만약 엄마가 논리적으로 아이를 설득하기 힘들다면, 한줄 교환 일기를 써 보는 것도 효과적이다. 한줄 교환 일기는 한두 문장의 짧은 일기를 서로 번갈아 교환하며 쓰는 일기이다. 이 일기는 특히 글쓰기를 싫어하는 아이를 일기 쓰기에 입문시킬 때 효과적이다. 짧은 한두 문장으로 완성하는 일기라 부담 없이 시도해 볼 수 있는 반면 자신의 생각을 간결하게 표현하는 훈련을 함께할 수 있어 좋다. 게다가 일기를 서로 주고받으며 일상을 공유하기 때문에 상대방을 이해할 수 있어 관계 회복에도 도움이 된다.

아무리 울컥한 일도 글로 쓰다 보면 말로 할 때보다 격한 표현이 줄어들기 때문에 온 가족이 함께 쓰는 '한줄 교환 일기장'을 마련하는 것도 좋다. 적은 노력과 시간을 들이고도 가족들끼리 마음을 터놓는 끈끈한 관계로 성장할 수 있을 것이다. 가족이 함께 글로 소통하면서 글쓰기의 의미와 즐거움을 배워갈 수 있으며, 일상생활 속에서 자연스럽게 글쓰기를 연습할 수 있게 된다. 그리고 말을 글로 표현하는 연습은 아이 혼자서 할 때보다 온 가족이 함께할 때 더 효과가 있다. 글쓰기는 결국 소통의 방식이므로 누군가와 함께 나누며 소통할 때 더 빨리 성장하게 된다.

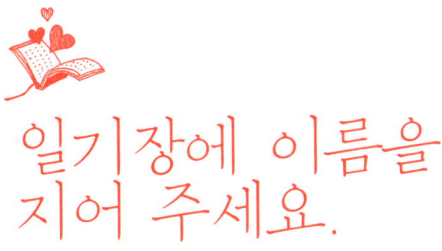

일기장에 이름을 지어 주세요.

아이가 일기 쓰기를 좋아하게 하려면 일기를 왜 쓰고 있는지, 즉 무엇을 위해서 일기를 쓰고 있는지를 의식하게 해야 한다. 목적의식이 분명하면 일기도 잘 써지고 집중력도 좋아지기 때문이다. 그래서 목적의식을 가질 수 있는 방법을 소개하고자 한다.

우선 처음 일기를 쓰기 위해 일기장을 마련할 때, 그냥 아무 노트나 사용하기보다는 아이와 함께 문구점에 가서 마음에 드는 노트를 사 주기도 하고, 겉장을 비닐로 잘 포장해 주는 등 뭔가 특별한 일을 하고 있다고 느끼도록 하는 것이 좋다. 처음에는 그냥 한 권의 노트일 뿐이지만, 아이의 일기가 한 장 한 장 채워지면 평생 간직하게 될 역사책이 된다는 것을 아이와 함께 기억해 보자.

또 일기장을 한 권 다 쓸 때마다 특별한 보상을 주는 것도 효과가 있다. 처음 일기장을 마련했을 때 정한 소원을 하나 들어준다거나, 일기장 첫 페이지에 엄마가 응원의 메시지나 편지를 써서 준다거나, 다음에 쓸 예쁜 일기장을 선물해 준다면 응원에 힘입어 아이는 일기를 더 열심히 쓰게 될 것이다.

일기장을 새로 마련했다면 일기를 쓰는 목적을 상기시킬 수 있는 이름을 지어 주도록 하자. 예를 들어 일기장의 이름을 〈내 마음의 화장실〉로 지었다면 뭔가 마음에 찌꺼기가 쌓였을 때 일기장에 비우겠다는 목적의식이 이름에서 느껴진다. 〈달님에게 하고 싶은 말〉이라는 이름을 지었다면 누군가에게 몰래 하고 싶은 이야깃거리를 일기장에 적겠다는 의지를 담고 있는 것이다. 〈5학년 새로운 나를 위해〉, 〈위인 ○○○〉, 〈○○○의 기도〉라는 이름 등 어떤 이름도 자유롭게 지을 수 있다. 이렇게 일기장에 직접 이름을 붙이는 것은 일기장에 생명을 불어 넣는 것과 같다. 이름이 붙은 일기장은 아이에게 친근함을 주고 상상력도 자극한다.

　일기장에 이름을 지을 때는 엄마가 아이 일기장의 이름을 대신 지어 주기보다는, 아이에게 어떤 글을 쓰고 싶은지 질문을 던지고 스스로 이름을 지을 수 있도록 이끌어 주는 게 좋다. 처음에는 "일기장에 이름을 지어줄까?" 또는 "일기장을 뭐라고 부르고 싶어?"라며 가볍게 접근하는 것이 좋다. 그러다 학년이 올라가면 "이번 학기 동안은 일기장에 어떤 글을 담고 싶어?", "이번 학기에는 일기장에 뭘 좀 빌어 볼까?"라며 목적의식을 담을 수 있도록 조금씩 이끌어 주자.

　대부분의 아이들은 일기를 숙제라고 생각하고 쓰는 경향이 있다. 자발적으로 일기를 쓰도록 하기 힘들기 때문에 학교에서는 아이들이 강제로라도 쓰도록 검사를 하고 있고, 아이들은 검사 받기 위해 일기를 쓰고 있는 것이 현실이다. 이렇게 되다 보니 일기 본연의 의미인 자기 독백적 기능과 자기반성, 성찰의 기능이 빛을 잃고 있는 것이다.

　실제로 지난 2005년 국가인권위원회의에서 초등학교에서 강제적으로 일기를 쓰고, 이를 검사 평가하는 관행에 개선이 필요하다는 의견을 표명했다. 강제적인 일기장 검사가 아동들의 사생활과 자유를 침해하며, 검사와 평가를 전제로 일기를 쓰게 함으로써 양심의 자유와 윤리적 가치관을 침해할 소지가 있다고 판단한 것이다.

2005년 이후 많은 초등학교 교사들은 일기 본연의 의미인 자기 독백적 글쓰기가 이루어질 수 있도록 자율권을 보장하려 노력하고 있다. 비교적 일주일에 2~3번 이상 쓸 수 있도록 정기적으로 검사를 하되, 아이들이 자유롭게 글을 쓸 수 있는 분위기를 조성하려는 움직임이 이루어지고 있다. 이렇게 교사들 사이에서 긍정적인 변화가 일어나고 있다고 해도, 학생과 학부모의 인식이 변화하지 않는 한 한계가 있다. 학생과 학부모 사이에 일기를 그저 검사 받기 위한 숙제라고 인식하는 경향이 도를 넘고 있는 것도 현실이다.

부모 자신도 학창 시절에 일기를 검사 받기 위해 써 왔기 때문에 스스로 일기를 쓰는 이유를 모르고 있으며, 일기가 여러 측면에서 좋다는 것은 막연히 알지만, 구체적으로 어떤 점이 좋은지를 인식하지 못하는 경우가 많다. 그러다 보니 당연히 아이에게도 구체적인 목적의식을 심어 주지 못하는 것이다. 이렇게 진심이 담긴 목적의식이 없다보니 자발적인 활동으로 이어지기가 힘들다. 이때 일기장에 이름을 지어 주면 일기를 어떤 목적으로 쓰는지 목적의식을 은연 중에 심어 줄 수 있다.

내 아이가 일기 쓰기를 좋아하게 하려면

긍정적인 글감으로 장점을 찾게 하세요.

일기 쓰기를 통해 아이가 장점을 찾는 습관을 들이는 것은 매우 중요하다. 장점을 찾는 습관을 통해 자신의 일상을 긍정적으로 받아들일 수 있기 때문이다. 자신의 일상을 긍정적으로 받아들이는 사람은 결국 긍정적인 사람으로 자라게 된다. 또 긍정적인 사람은 어려움과 맞닥뜨렸을 때 자신의 능력으로 헤쳐 나갈 수 있다는 자신감이 강하다. 자신에 대해서도 장점을 먼저 생각하기 때문에 자신에 대한 믿음이 강하고, 좋은 방향으로 생각하니 성공과 행복이라는 삶의 목표에 도달할 가능성이 높을 수밖에 없다.

반대로 부정적인 사람은 자기 인생의 주인으로 살아가기 힘들다. 성공학 코치인 로버트 앤서니는 '할 수 없다'라는 믿음은 스스로를 가두는 마음의 감옥과 같다고 말한 바 있다. 부정적인 사람은 어떤 일을 해도 나쁜 쪽이 먼저 보이기 때문에 억울함과 분노를 느낄 기회가 많으며, 충분히 할 수 있는 일인데도 자신을 믿지 못하기 때문에 성공할 가능성이 낮다. 이것을 학습된 무기력이라고 하는데, 평소 가졌던 부정적인 사고로 인해 기회가 찾아와도 그것이 기회라고 생각하지 못하고, 그 기회를 잡으려는 생각조차 하지 못하게 되는 것이다. 이렇게 몸에 배어 버린 무기력감은 쉽게 개선될 수 없기 때문에 어린 시절부터 긍정적인 사고를 길러 주는 습관은 매우 중요하다.

먼저 이 책을 읽고 있는 어머니 스스로에게 한 가지 질문을 던져 보았으면 한다. 스스로는 어느 쪽에 해당하는지 말이다. 단점을 찾는 데 익숙한지, 아니면 장점을 찾는 데 익숙한지. 보통의 사람들은 대체로 장점을 찾는 데 인색하다. 세상 모든 만물에는 좋은 점과 나쁜 점을 공히 내포하고 있다. 하지만, 단점은 쉽게 드러나는 반면 좋은 점은 숨겨져 있는 경우가 많다. 쉽게 드러나는 나쁜 면보다, 숨겨져 있는 혹은 잘 보이지 않는 장점을 찾아내는 능력. 그런 능력이 바로 성공의 문을 여는 열쇠가 된다. 위기 속에서 기회를 찾아내고, 역경을 이겨낼 수 있는 긍정적 에너지를 가진 사람이 성공할 확률이 높은 것은 당연해 보인다. 뿐만 아니라, 누구든 자신의 장점을 발견해서 보아주는 사람을 좋아하기 때문에 대인 관계에도 좋은 영향을 미친다.

장점을 찾는 능력은 통찰력과도 연결된다. 통찰력이란 사물의 내적, 외적 속성과 구조를 꿰뚫어 보는 능력으로 본질을 파악하는 힘이라고 할 수 있다. 이 본질을 파악하는 능력은 문제 해결과 학습에 있어 매우 중요한 원리가 된다. 나는 아이들에게 '진실은 눈으로 보는 것이 아니다'라는 조금 이해하기 어려운 말로 통찰을 강조하곤 한다. 뻔히 드러나 보이는 것이 아닌, 보이지 않는 이면의 진실을 찾아내는 노력은 주로 장점을 찾게 하면서 길러질 수 있다.

아이에게 일기 지도를 하면서 장점을 찾는 통찰력을 키우고 싶다면 아이가 긍정적인 글감을 찾아 일기를 쓰도록 이끌어 주는 것이 중요하다. 본인 성격 중에서 좋은 점을 찾게 하고, 오늘 있었던 일 중에서 잘했던 일, 칭찬받았던 일, 즐거웠던 일을 찾도록 이끌어 주어야 한다.

또 그것을 일기에 옮겨 쓰는 동안을 칭찬받는 즐거운 시간으로 인식하게 하면 자연스럽게 자신의 삶을 긍정적으로 돌아볼 수 있게 되는 것이다.

또 글감에 대해 던지는 엄마의 질문도 중요한 영향을 미친다. 글감이 정해지면, 그 글감에 대해 아이의 생각이 정리될 수 있도록 이런저런 질문을 해 주어야 하는데, 이때 어떤 점이 좋았는지, 어떻게 하면 더 좋을지, 가능하면 쉽게 드러나지 않는 장점을 찾을 수 있도록 긍정적인 질문을 건네는 것이 좋다. 아무리 나쁜 일이었다고 해도 그 안에서 좋은 점이 있지 않는지 계속 질문을 던져 단 한 가지라도 좋은 점을 찾아내도록 해보자. 물론 아이가 그것을 일기장에 적든 안 적든 그것은 상관없다. 생각만이라도 반복해서 하다 보면 장점을 찾는 능력은 서서히 키워질 것이다.

자유로운 형식으로
지루함을 줄여 주세요.

보통 '일기'하면 일상을 다룬 줄글 일기와 그림일기만 생각하는 경향이 있는데, 일기에는 정해진 형식도 정해진 내용도 없다. 때문에 아이가 쓰고 싶은 내용을 어떤 형식과 방법으로도 마음껏 쓸 수 있다. 실제로 최근 초등학교 일기 교육의 트렌드는 학생들이 다채롭고 입체적으로 글을 쓸 수 있도록 자율성을 보장하는 것이다. 일기장에 만화를 그려도, 커다란 계획표만 하나 덩그러니 그려 놓는다고 해도 선생님에게 야단맞는 일은 없을 것이다.

그러니 아이가 줄글 일기를 지루해할 때는 아이가 원하는 방식으로 자유롭게 쓰도록 하는 것이 좋다. 일기장 한 페이지에 그림을 그리거나, 사진으로 콜라주를 하거나, 편지를 쓰거나 아이가 꾸미고 싶은 대로 할 수 있는 자율권을 줄 필요가 있다. 이렇게 일기를 자유롭게 구성해 보면서 창의력과 기획력도 기를 수 있으니, 아이가 원 없이 상상하고 또 그것을 표현하도록 도와주자. 뿐만 아니라 일기가 고루한 글쓰기가 아닌 재미있는 방식으로 구성할 수 있는 자유로운 글쓰기라는 사실을 인식하게 될 것이다.

일기는 잘 쓴 일기도, 못 쓴 일기도 없다. 그저 아이가 진실을 담아 자유롭게 쓴 글이라면 모두가 훌륭한 일기이다. 이렇게 일기에는 특별히 정해진 형식이 없지만, 최근에는 부모님들이 참고하기에 좋게 일기의 형식을 소개하는 경향이 있는 것 같아 여기서도 짚어주려 한다. 아이들이 일상에 대해 쓰는 생활 일기와 영화, TV, 책 등을 보고 줄거리와 느낌을 쓴 감상 일기는 아이들이 흔히 쓰는 형식이므로 생략하고 다른 형식을 소개하려고 한다. 각각의 형식을 참고하되, 형식에 얽매이기보다는 입체적이고 다양한 글을 쓸 수 있도록 지도했으면 좋겠다.

● 편지 일기

주변 인물 혹은 존경하는 인물에게 하고 싶은 말을 편지 형식으로 쓰는 일기이다. 사람뿐 아니라, 화분에 난 풀 한포기, 만화나 영화 주인공까지 쓰고 싶은 말이 있는 대상이라면 무엇이든 상관없다. 어떤 대상에서 하고 싶은 말이 있다면, 편지의 형식을 빌려 써 보면 된다. 이때 편지를 보내는 사람이 꼭 아이 자신일 필요도 없다. 즐겨 보는 만화의 주인공이 자신에게 편지를 쓴다고 가정하여 글을 쓰는 것도 괜찮다. 20살의 자신, 그러니까 미래의 자신이 지금의 자신에게 하고 싶은 말을 편지로 적어 보는 것도 방법이다.

편지에는 받는 사람과 보내는 사람이 언급되며, 편지를 쓰게 된 목적을 밝히는 것이 중요하다. 또 다른 글에 비해 말을 하듯 편하게 쓰는 구어체로 쓰는 장점이 있어 아이들이 비교적 편하게 쓸 수 있다.

● 동시 일기

자신의 생각이나 느낌을 동시의 형식을 빌려 적어 보는 일기 형식이다. 인상적인 경험이나 대상, 어떤 것이든 시로 써 볼 수 있다. 동시의 특징인 행과 연으로 글을 나누어 보고, 운율과 리듬감을 살려 보는 것도 좋다. 처음부터 동시 쓰기가 어렵다면 내용을 간단하게 줄글로 먼저 쓰고 의성어, 의태어 등을 넣어 운율과 리듬감이 느껴지도록 내용을 바꾸어 쓰는 방법도 좋다. 동시가 어렵다면 삼행시를 써 보는 것도 괜찮다.

● **사건 일기**

하루 중 기억에 남는 사건을 육하원칙에 따라 정리해 보는 일기 형식이다. 누가, 언제, 어디서, 무엇을, 왜, 어떻게 했다는 방식으로 사실을 정확하게 정리해 주고, 사건의 원인과 결과도 함께 밝혀 줄 수 있다면 써 보는 것도 도움이 된다. 어린이 기자가 되었다고 상상하며 사건을 소개하는 기사를 쓴다고 생각하면 효과적이다. 마지막에는 정리한 사건이 자신에게 어떻게 다가오는지 느낌과 생각도 함께 정리한다.

사건 일기는 기사 글의 특징인 자신의 의견을 논리적으로 전달하는 능력을 키울 수 있으며, 기사문을 작성하면서 아이 나름대로 문제점과 해결책을 함께 생각해 볼 수 있어 문제 해결 능력에도 도움이 된다.

● **대화 일기**

　대화 형식으로 일기를 꾸며 보는 것도 좋다. 대화 형식으로 꾸밀 때는 두 가지 방법이 있다. 첫 번째는 실제로 엄마와 대화 나눈 것을 글로 정리해 보는 방법이다. 주제를 정하여 엄마와 대화를 나누며, 자신의 생각을 적고 엄마의 대답도 함께 적는다. 두 번째는 가상의 인물을 정한 뒤 대화를 한다고 상상하며 적는 방법이다. 책 속 인물이나 영화 주인공과 대화를 나눈다고 상상하며, 자신의 질문에 가상의 인물이 어떻게 대답할지를 상상하여 적는다. 또는 역사 속 인물이나 자신이 존경하는 인물과 가상 인터뷰를 한다고 상상하며 정리해도 좋다.

● **여행 일기**

　여행이나 체험 학습을 다녀온 후 쓸 수 있는 기행문이다. 여행의 전체 일정을 정리하거나, 특별히 기억에 남는 일정을 자세하게 써 볼 수도 있다. 여행에서 느낀 점과 생각한 점, 좋았던 점과 싫었던 점, 인상적인 순간 등 다양하게 표현하여 생활 일기보다는 다채로운 일기가 될 것이다. 좋았던 일은 왜 좋았는지, 인상적인 순간은 왜 인상적이었는지 생각해 적어 보는 것도 매우 교육적이다.

좀 더 시각적인 요소를 더하고 싶다면 여행지에서 찍은 사진을 일기장에 붙이고 그 장면에 대해 자세하게 설명해 보는 것도 좋고, 여행지에서 구매한 입장권을 붙이고 어떤 곳이었는지 간략하게 설명을 해도 좋다.

● **신문 일기**

신문 기사를 읽고 자신의 의견을 간단히 적어 보는 일기이다. 이 일기는 사회에서 일어나는 일에 대해서 관심을 갖게 되고, 배경지식도 넓어져서 학습에 도움이 된다. 그러나 저학년이 하기에는 어려움이 있어, 5학년 이상에게 추천하는 일기 형식이다. 꼭 신문이 아니더라도 어린이 잡지나, 학교 신문의 기사를 활용하는 것도 좋다. 신문 일기는 마음에 드는 기사를 일기장에 오려서 붙이고, 자신의 의견이나 생각을 적으면 된다.

같은 기사를 읽어도 상황이나 입장에 따라 다른 의견이 나올 수 있다. 아이가 생각하는 내용이니 부모님과 생각이 다르더라도 따로 지도할 필요는 없다. 아이의 의견이 없을 때는 부모님의 의견을 받아 적어 보는 것도 괜찮다.

저학년의 경우, 신문 일기를 써 보고 싶다면 기사를 활용하는 것은 어려우므로 사진이나 그림을 활용해 보자. 일기 쓰는 날 아이가 겪은 일과 관련 있는 사진 속 인물 표정이나 그림을 오려서 붙이고 설명을 덧붙이면 된다. 그림일기 형식에서 그림을 직접 그리는 대신 신문 속 이미지를 붙인다고 생각하면 쉬울 것이다.

● **상상 일기**

아이의 상상력을 키워 주면서도 지루하지 않고 마음껏 써 볼 수 있는 일기이다. 이 일기는 상상한 것을 마음껏 적으면 된다. 바다나 우주의 모습을 상상해서 적을 때는 그림이나 사진을 붙이고 설명하는 글을 써도 좋다. 자신이 영화 속 주인공이 되었다고 상상하며 써 볼 수도 있고, 엄마와 몸이 바뀌었다고 상상하며 쓸 수도 있다. 상상 일기를 지도할 때는 아이가 독특한 상상을 마음껏 발휘하여 그대로 옮겨 적을 수 있도록 도와주는 것이 중요하다. 상상할 때 했던 말을 글로 옮기려면 잊어버리는 경우가 있으니, 옆에서 엄마가 메모를 해 주며 알려 주도록 하자.

● **학습 일기**

　요즘에는 서술형 문제가 많이 출제되기 때문에 수업 시간에 학습한 내용을 일기장에 글로 정리해 보는 것이 무척 도움이 된다. 특히 수학이나 과학의 개념을 글로 정리하면 새로 배운 내용을 이해하는 데 도움이 된다. 학습 일기는 공식이나 문제 풀이만으로는 개념을 모호하게 인식할 수 있기 때문에 학습에 매우 효과적이다. 혹은 인상적인 수학자나 과학자, 역사와 과학사를 일기 글로 정리해 보는 것도 좋다.

　그리고 학습 일기는 꼭 글이 아니어도 된다. 수학 문제를 그림으로 그려 보거나, 아이가 정리해야 하는 내용을 도형이나 그래프로 자유롭게 표현하면서 스스로 개념을 깨닫게 하는 것이 좋다.

● **관찰 일기**

　어떤 특정 대상을 관찰한 내용을 일기에 써도 좋다. 관찰 대상이 거창할 필요는 없다. 집에서 기르는 식물을 비롯해 냉장고 속 과일이나 채소, 장난감, 애완동물, 새로 산 지우개까지 아이가 관심 있어 하는 소재를 하나 고르면 된다. 대신 색깔, 모양, 촉감, 냄새, 맛 등 자세하게 관찰하여 표현할 수 있도록 돕는 것이 중요하다.

만약 집에서 꽃씨를 심었거나 식물을 기르고 있다면 일주일에 1번 정도 관찰하며 어떻게 모습이 바뀌는지 일기를 써 보는 것도 좋다.

● **만화 일기**

아이가 겪은 일을 글 대신 만화로 표현하는 일기도 있다. 보통 4컷으로 나누어 자신이 겪은 일을 그리게 되는데, 그림과 대화로 꾸며야 하기 때문에 기획력과 창의력, 이야기 구성력을 키울 수 있다. 만약 아이가 그림을 그리다가 칸이 모자라다고 투덜거리거나 화를 낸다면 당황하지 말고 다음 쪽에 다시 칸을 그려 주자. 엄마는 옆에서 아이가 표현하고 싶은 내용을 모두 담을 수 있도록 도와주면 된다.

학교나 학원에서는 한 선생님이 책임지고 가르쳐야 할 아이들이 많다 보니 개인에게 맞는 꼼꼼한 지도가 힘들다. 아이들을 일일이 파악하기도 힘들고, 다수의 아이들을 가르치다 보니 획일화된 수업을 할 수밖에 없다.

하지만 엄마가 아이를 가르친다면 이야기는 다르다. 아이가 가지고 있는 능력이나 성향에 따라 맞춤형 개별 지도가 가능하기 때문이다. 요즘은 개별 맞춤 지도를 한다는 학원들도 부쩍 늘어났지만, 아이에 대해 부모만큼 잘 아는 사람이 또 있겠는가? 내 아이에게 꼭 맞는 개별 지도법을 찾아보자.

Chapter 4

내 아이에게 꼭 맞는 맞춤형 지도법

아이 성향에 맞는 지도법

　　최근 심리학에서 인간의 성격을 파악하는 에니어그램이 많은 관심을 받고 있다. 에니어그램에서는 성격을 이루는 기본 바탕을 크게 사고형(머리형), 감정형(가슴형), 몸형(장형)으로 구분하고 있다. 이 사고형, 감정형, 몸형은 어떻게 다를까? 이성적인 사고형은 시간 관리를 잘하여 자신이 정한 목표를 달성하는 경우가 많다. 그리고 감성적인 감정형은 감정을 다루고 파악하는 능력이 뛰어나 다른 사람의 마음을 살피는 일을 잘한다. 본능적인 몸형은 의욕이 많고 실행력이 강해서 실천력이 좋은 사람이다.

　예를 들어 불이 난 다급한 상황을 보았다고 해보자. 사고형, 감정형, 몸형은 같은 상황에 처했을 때도 다른 행동 패턴을 보인다. 문제 해결 능력이 뛰어난 사고형은 침착하게 전화기를 찾아 소방서에 신고를 하고, 인간관계를 중요하게 생각하는 감정형은 "도와주세요! 불이 났어요!"라고 크게 외치며 주변 사람들에게 도움을 요청한다. 또 주도적인 몸형은 양동이에 물을 담아 현장으로 뛰어간다고 한다.

　물론 이 3가지 유형만으로는 인간의 복잡한 심리를 세밀하게 이해할 수는 없다. 또 이렇게 유형을 나누어 설명하는 것은 성격의 옳고 그름을 구분하기 위해서가 아니다. 나와 다른 유형의 특징을 파악하고 차이를 이해하기 위한 최소한의 수단인 것이다. 또 아이의 성향을 파악하여 보다 나은 방향으로 이끌어 주기 위한 수단이기도 하다.

　아이들을 가르치다 보면 글 쓰는 패턴에 있어서도 사고형, 감정형, 몸형의 특징이 확연히 구분되는 것을 종종 목격한다. 그래서 나는 일기 쓰기를 지도할 때도 가능하면 아이의 특성을 파악하고 그에 맞게 아이를 지도하려고 노력하고 있다. 특히 아이의 유형을 파악하면 아이를 이해하고 공감해 주는 데 도움이 된다. 아이마다 글쓰기를 좋아할 때와 힘들어할 때가 다르고, 각자 이유도 다른데, 이것을 적절히 파악하고 반응해 주며 이끌어줄 수 있기 때문이다.

　사고형, 감정형, 몸형의 아이들은 일기에 주로 다루는 내용도 차이를 보인다. 사고형 아이들은 사실을 주로 쓰고, 감정형 아이는 마음 상태를 주로 다룬다. 또 몸형 아이는 본능에 따라 글을 쓴다. 이렇게 각자 다루는 내용이 편향되어 있다 보니, 각각의 유형에 맞는 지도법의 핵심은 '균형'이다. 각각의 특성을 파악하여 아이가 편하게 진실한 글을 쓸 수 있도록 이끌어 주되, 부족한 부분을 보완해 주는 지도 요령이 필요하다. 사고형 아이에게는 감상을, 감정형 아이에게는 논리를, 몸형 아이에게는 진지함을 보완해 줄 수 있도록 말이다.

● **머리로 글을 쓰는 사고형 아이**

　사고형 아이는 에너지의 근원이 사고와 판단에 있기 때문에 머리로 생각하고 그것을 글로 옮기는 것을 비교적 편안해한다. 그런 의미에서 사고형 아이들은 기본적인 글쓰기 능력을 선천적으로 부여 받았다고 할 수 있다. 또한 조용한 곳에서 혼자 복잡한 생각을 글로 정리할 때가 많아 글쓰기가 정서적으로도 도움이 된다.

사고형 아이에게 글쓰기를 가르치는 것은 비교적 편하다고 생각할 수 있다. 혼자서도 일기나 독서록 쓰기를 잘 해내는 편이기 때문이다. 아이가 사고형이라고 판단되면, 일기장에 주로 다루는 내용을 확인해 볼 필요가 있다. 아이가 쓴 글을 읽었을 때 하루 중 있었던 일을 죽 나열하는 글을 쓴다면 사고형의 성향이 강한 것이다. 예를 들어, 사고형 아이들은 날씨를 쓸 때도 '기온이 20도였다.' 혹은 '비온 후 햇볕이 쨍쨍'처럼 사실적이고 건조한 표현을 주로 쓴다. 일기의 내용도 느낌이나 감상보다는 '오늘 무엇을 했고, 누구누구와 있었고, 무엇을 어떻게 했다.'라고 사실만을 나열하는 경향이 뚜렷하다.

이처럼 사고형 아이들은 사고 중심의 글을 쓰기 때문에 의외로 정서나 느낌을 표현하는 것에 서툴다. 그래서 막상 본인의 느낌이나 감상을 적어야 할 때는 곤란을 겪거나 시간을 끌기도 한다. 이런 부족한 부분을 보완해 주지 않으면 글쓰기도 사실 나열식의 일정 수준에 머물러 있게 된다. 사고형 아이들이 글을 풍성하게 쓰도록 하려면 우선 많이 느끼게 해야 한다. 그리고 그 느낌을 표현할 수 있도록 이끌어 주는 것이 중요하다. 이때 그저 생각이나 느낌을 많이 쓰라는 조언만으로는 부족하다. 사고형 아이 역시 생각이나 느낌을 덧붙여 써야 한다는 사실을 충분히 알고 있다. 하지만 어떻게 감상해야 하는지를 모르기 때문에 표현하지 못하는 것이다. 때문에 사고형 아이는 글쓰기 교육과 함께 일상에서 수시로 경험과 느낌을 되새기게 하는 훈련이 필요하다. 사고형 아이는 기획력도 있고 아이디어도 풍부하기 때문에 감성만 보완이 된다면 완벽한 글쓰기를 할 수 있다.

사고형 아이에게 감상하는 방법을 알려 주기 위해 가장 좋은 연습은 바로 '날씨 체험하기'이다. 일기장에 날씨를 쓰기 전에 아이와 함께 밖으로 나가 날씨를 직접 느끼도록 하는 방법이다. 비와 눈, 햇살 등 날씨를 오감으로 충분히 느끼고, 그 느낌을 말로 표현해 보며, 글로 옮기는 연습을 꾸준히 해보자. 시간이 지날수록 아이의 감성은 무럭무럭 자라고, 글도 훨씬 풍부해지는 것을 발견하게 될 것이다. 그리고 부모가 일상생활에서 감성적인 단어를 많이 사용해서 그 단어에 익숙해지도록 노력해야 한다. 느낌과 관련된 단어를 찾아보는 단어 채집 놀이도 꾸준히 해 주면 좋다. 날씨 쓰기와 단어 채집은 따로 자세히 정리해 두었으니 꼭 참고해서 활용하자.

또 사고형은 시간 낭비를 싫어하기 때문에 계획을 세우거나 머릿속에 정리를 한 뒤 글쓰기를 할 때가 많다. 글이 잘 풀리지 않거나 시행착오를 겪으면 자신의 계획이 잘못되었다는 생각에 상처를 받곤 한다. 그러니 아이가 사고형이라면 본격적으로 일기를 쓰기 전에 어떤 내용을 담을 것인지 충분히 이야기를 해서 계획을 세우게 하는 것이 좋다.

날짜: 2014년 1월 15일   날씨: 창문을 열었는데 밖은 냉동실이었다.

제목: 바느질

요즘에 내가 제일 좋아하는 것은 바느질이다. 그중에서 가장 관심이 있는 것은 펠트이다. 그 중에서 양모펠트로 불리는 이것이 제일 좋다.

양모펠트는 양털로 만들며, 양의 털을 깎아 바로 염색하여 만든다. 펠트는 주로 색연필처럼 밝은 톤이 많고, 두께에 따라 색이 변할 수가 있다. 찌르는 바늘은 5구, 3구, 1구로 나누는데, 5구는 굉장히 비싸고 평면작업을 할 때, 많이 쓰인다. 3구는 평면, 입체 어느 것이든 편리하다. 1구는 세세한 작은 작업과 입체 작업을 할 때 주로 쓰인다. 이 바늘은 실을 꾀지 않고 그냥 찌른다. 왜냐하면 바늘의 끝부분에 오돌토돌한 물체가 있어, 찌르면서 그 물체가 펠트를 엉키게 만들어 형태를 잡는다.

펠트는 10g, 50g, 100g, 500g으로 나누어 천도 굉장히 비싸다. 1마당 15000원 정도 되며 가격이 다를 수도 있다. 펠트의 느낌은 재봉질 할 때 넣는 방울솜처럼 부드럽고 폭신폭신하다. 입체나 평면을 만들 때도, 동물을 만들때는 몸통, 귀, 얼굴, 팔, 다리, 꼬리를 따로 분리해 만든다. 그리고 다 합친다. 합칠 때도 꼭 펠트용 바늘을 이용한다.

만약에 만들다가 손이 다칠 수 있으니 펠트용 솔이나 스펀지를 이용한다. 펠트는 찌르면 찌를수록 단단해지니 마무리 작업을 할 때에는 스펀지나 솔을 이용하지 않아도 된다. 옷을 꼬맬 때 펠트와 엉키지 않도록 조심한다. 펠트를 떼려고 하면 다른 것도 줄줄이 떼어져 나와 작품이 망가질 수 있다.

시간만 있으면 당장 펠트를 사러 달려가고 싶다. 왠만하면 동대문, 만약에 산다면 당장 동물원을 만들 것이다. 나는 여태까지 호랑이, 개, 고양이, 토끼, 오리를 만들어보았다. 다음번에는 코끼리를 만들어보고 싶다.

사고형 아이 맞춤 개별 지도법

- 날씨를 밖에서 직접 체험하고 표현하는 연습을 꾸준히 하여 생각과 느낌을 잘 표현할 수 있도록 도와주세요.
- 일상생활에서 감성적인 단어를 많이 사용하여 느낌과 관련된 어휘력을 키워주세요.

● **마음으로 글을 쓰는 감정형 아이**

　감정형은 가슴형이라고도 하는데, 에너지의 근원이 감정에 있기 때문에 분위기와 느낌을 중요하게 여긴다. 경쟁이나 갈등을 싫어하고, 예상치 못한 순간에 감정이 상해 눈물을 터트리는 아이는 대체로 감정형에 해당한다고 볼 수 있다. 또 감정 상태에 따라 어떨 때는 술술 글을 써 나가지만, 때로는 한 글자도 못 쓰고 어려워하는 등 심한 기복을 보인다면 감정형이라고 판단할 수 있다. 일기의 내용도 사실보다 본인의 감정 상태를 주로 다루는 경향이 있다.

　감정형 아이는 사고형의 아이에 비해 생각과 느낌이 풍부하므로 글을 더 잘 쓸 것 같지만, 의외로 글쓰기에 어려움을 느끼는 경우가 많다. 특히 이 유형은 마음이 없으면 절대로 움직이려 하지 않기 때문에 글을 쓰고 싶은 마음이 생기도록 관심을 보이고 배려해야 한다. 억지로 아무거나 정해서 쓰게 하면 글감이 마음에 들지 않아 이 핑계 저 핑계를 대며 시간을 끈다. 엄마와 괜한 감정싸움을 하는 경우도 감정형의 보편적 특징이다.

　감정형 아이는 주변인들과의 관계를 중요하게 생각하기 때문에 아이와의 유대감이 특히 중요하다. 부모가 일기 지도를 할 경우, 자신이 글을 잘 못 쓰면 부모와의 관계를 망칠 수 있다는 생각에 불안해한다. 이에 따른 스트레스로 일기 쓰기 자체에 부정적인 감정을 품을 수도 있으니 특히 주의를 기울여야 한다. 또 빨리 쓰라고 다그치며 실랑이를 벌이면 글쓰기에 실력이 없다며 포기해 버릴 수도 있다. 만약 아이가 감정형에 해당한다면, 글을 잘 못 쓰고 있을 때, 무엇보다 먼저 힘든 감정을 헤아려 주고 공감해 주는 태도를 보여야 한다.

이어서 무엇보다 감정형의 아이는 갈등을 겪으면 실력 발휘를 제대로 못할 때가 많다. 반대로 인정받기를 좋아하므로 칭찬하면 할수록 즐겁게 과제를 수행하고 실력도 더 좋아진다. 그러니 사소한 일로 감정싸움을 벌이지 말고 기분을 북돋아 주는 것이 감정형 아이를 지도하는 첫 번째 포인트이다. 갈등을 싫어하는 만큼 경쟁도 싫어하기 때문에 누구와 비교 당한다고 생각되면 집중을 잘 못하기도 한다. 이럴 때는 아이를 배려해 준다는 몸짓을 취하며 방해되는 불편한 요소들을 제거해 주면 보답하는 마음으로 글에 더 집중할 것이다.

반면, 이 유형은 글 쓸 마음이 드는 글감이 생기거나 감정이 동하면 언제 그랬냐는 듯 쉽게 글을 쓰기도 한다. 특히 자신의 감정을 표현하는 글, 자기가 좋아하거나 싫어하는 대상 혹은 감정을 자극했던 에피소드를 글로 쓸 때는 의외의 집중력을 보인다. 이럴 때는 문장력도 좋다. 좋아하는 선물을 받았을 때의 기분이라든지, 엄마가 동생만 예뻐했을 때의 억울함이라든지, 예뻐하는 강아지에 대한 감상처럼 자신의 감정을 다루는 글감을 정해 주면 원 없이 감정을 글로 풀어낸다. 때문에 사고형과 몸형, 두 유형에 비해 글감 정하기 과정이 중요하니 많은 시간을 할애할 필요가 있다. 아이가 쓰고 싶은 글감을 찾아내는 것 그것이 감정형 아이를 지도하는 두 번째 포인트이다.

하지만 감정형 아이는 지나치게 본인의 감정에만 빠져 있는 경향이 있으므로, 논리를 보강해 주고 인과관계를 파악하는 훈련이 필요하다. 이때 억지로 아이에게 논리를 강요하기보다는, 자신이 쓴 글을 소리 내어 읽는 습관을 들이는 것이 중요하다. 별것 아닌 것 같지만, 스스로를 객관화하여 돌아보게 하는 효과가 있다. 글로 쓴 자신의 감정을 소리 내어 읽어 보면서 거리를 두고 돌아보는 훈련을 하게 되는 것이다. 가끔은 엄마가 아이 대신 읽어 주고 아이가 자신이 쓴 글을 듣게 하는 것도 방법이다.

그리고 사건의 인과관계를 파악하고 정리하는 글, 사물이나 상황을 비교 또는 대조하는 글을 써 보는 것도 좋다. 또 사건이나 경험을 쓸 때, 원인, 과정, 결과를 따져 볼 수 있는 질문을 던지고 글로 정리하도록 해서 사고의 힘을 길러 줄 필요가 있다.

마지막으로 덧붙이면 감정형 아이들이 글쓰기에 재미를 붙이고 생활화하게 되면 누구보다 문학가가 될 수 있는 소양을 많이 가지고 있다.

일기 날짜: 2013년 3월 17일 일요일   날씨: 맑았다가 조금 흐리다
제목: 나의 강아지 루키

나의 가족은 5명이다. 엄마, 아빠, 루키, 나, 한지 이렇게 5이다. 루키는 3살된 흰색 푸들이다. 이제부터 저의 가족 중의 가족인 루키를 소개합니다.
루키는 눈이 예쁘고 얼굴이 잘 생겼다. 그리고 걸을 때 루키의 엉덩이가 매력적이다. 내가 루키를 좋아하는 또 다른 이유는 말이나 마음을 마음데로 풀 수 있기 때문이다. 이제는 루키의 행동에 대해서 얘기해 드리겠습니다. 루키는 잠꾸러기다. 그리고 루키는 폭신폭신하거나 따뜻한 곳을 좋아한다. 또 우리가 나갈 때 자기도 같이 나가겠다고 마구 조를 때가 많다. 친구들을 만날 수 있는 동물 병원을 좋아한다.

나는 가끔 힘들거나 우울할 때 루키를 보면 힘이 나고 자꾸 사랑해 주고 싶다. '루키야 형이 너 좋아하는 것 알지? 건강하게 오래 오래 살아."

감정형 아이 맞춤 개별 지도법

- 인간관계를 중요하게 생각하는 아이인 만큼 감정에 공감해 주며 감정싸움을 피하세요.
- 글감을 신중하게 정하고, 글을 쓴 뒤에는 소리 내어 읽는 습관을 들여 감정 객관화 훈련을 시키세요.

● 본능으로 글을 쓰는 몸형 아이

　몸형은 장형이라고도 하는데, 말이나 생각보다 행동을 먼저 하는 유형이다. 몸형의 에너지 근원은 실천하는 것에 있기 때문에 한 페이지를 채우는 일, 즉 실행하는 것에 의미를 두는 유형이다. 글을 쓸 때도 고민 없이 글감을 정하고 대충대충 써 버리는 경향이 있다. 그러니까 별 생각 없이 '빨리 쓰고 놀아야지'라며 쉽게 글을 쓴다면 영락없이 몸형이라고 할 수 있다. 때문에 감정형의 아이처럼 시간을 끌어 신경전을 벌이는 경우는 없다.

　몸형 아이는 머리 쓰는 일을 별로 좋아하지 않기 때문에 글감을 정할 때도 이것저것 질문을 던지면 귀찮다는 듯 '그냥 이거 쓸게요.'라며 즉흥적으로 생각나고 느끼는 것을 쓴다. 즉 본능에 충실하게 글을 쓴다. 그렇다고 몸형이 생각이 깊지 않은 것은 아니다. 직관이 발달하고 실행력이 강하기 때문에 보이는 행동이다. 몸형은 우선 생각나는 것을 먼저 해보고, 잘 안 되면 다시 하면 된다는 주의라 시행착오를 겪어도 큰 의미를 두지 않는다. 오히려 시행착오를 겪으며 일을 완성할 수 있다고 생각한다. 그러니 아이가 글을 쓰다 멈추고 처음부터 다시 시작하더라도 기다려 주어야 한다. 몸형 아이는 직접 체험하는 것을 좋아하기 때문에 글감 역시 자신이 경험한 일 중 흥미롭고 즐거웠던 기억을 떠올려 쓰는 것을 좋아한다. 가끔은 꾸며 내거나 과장된 이야기를 써서 재미있다는 얘기를 듣고 싶어 하는 경향도 있다. 또한 몸형 아이는 조금 시끄럽고 조심성이 없어 보일 수 있다. 성격도 시원시원해서 사소한 일에 감정적으로 동요되는 일도 잘 없다. 글쓰기를 지도할 때도 몸형 아이만의 용맹함을 북돋아 주되, 오랜 시간 공을 들여 진지함을 보완해 주는 것이 지도 포인트이다.

이 유형은 늘 진지함이 문제인데, 표현력과 문장력을 길러 주기 위해 오히려 이것저것 가르쳐 주려 하면 지루해하고 귀찮아한다. 때로는 '그냥 할게요.'라며 버럭 화를 내기도 한다. 그래서 개인적으로 몸형 아이에게 문장력을 키워 주고 감성적인 글을 쓰게 하려면 장기전을 할 각오로 접근한다. 몸형 아이는 본능적으로 글을 쓰기 때문에 어딘가 허술해 보여도 그렇게 쓰도록 내버려 두는 것이 좋다. 대신 도전하고 실천하는 것을 좋아하기 때문에 문장 필사하기 숙제를 통해 진지함을 보완해 줄 수 있다.

예를 들어 감정형과 몸형 두 아이에게 같은 문장을 주고 감정형에게는 3번을, 몸형에게는 10번을 필사하라고 해보자. 그러면 몸형 아이는

"왜 나만 많이 해요?"라며 버럭 화를 낸다. 그러면 "넌 숙제하는 것 좋아하잖아. 파이팅!" 혹은 "우리 ○○는 숙제를 너무 잘해서 얼마나 잘하는지 보려고, 힘들면 다 안 해도 돼!"라고 얘기해 준다. 그러면 몸형 아이는 여지없이 10번을 다 써 온다. 비록 글씨는 점점 삐뚤빼뚤 해지고 대충 쓴 것이 보이지만 귀엽게도 모두 해낸다. 하지만 안타깝게도 10번을 써도 건성일 때가 많아서 감정형 아이가 3번을 쓸 때와 느끼는 바는 다르지 않다. 다만 이런 방식으로 꾸준히 지도해서 부지불식간에 문장이 몸에 달라붙게 하는 것이 좋다.

몸형은 기본적으로 글을 읽고 쓰는 것을 즐기지 않는다. 보통 책읽기도 싫어한다. 당장 눈앞에 보이는 재미있는 놀잇감을 제쳐두고 책을 읽는다는 것은 몸형에게 이해할 수 없는 일인 것이다. 어른 중에서도 책을 잘 안 읽는다고 고백하는 사람들은 대부분 이 몸형에 해당한다. 하지만 책의 재미를 한번 느끼면 잠도 자지 않고 책을 읽는 유형이 바로 몸형이다. 재미있는 이야기책이나, 코믹 북 같이 자신에게 맞는 책을 읽게 되면 오히려 도서관이나 서점에 가자고 조를지도 모른다. 그러니 몸형이 좋아할 만한 책을 찾아 주고 이를 시작으로 책과 친해지도록 하는 것이 책을 읽게 하는 요령이다.

몸형은 도전하고, 주도하는 것을 좋아하기 때문에 이런 성격을 잘 활용하는 것이 중요하다. 글을 쓸 때도 혼자보다는 다른 아이들과 함께하는 것이 좋다. 여러 명이 함께 수업할 경우 몸형 아이는 발표를 많이 시키거나 아이들 앞에서 책 읽기를 시킬 때 효과가 좋다. 다른 사람이 지켜보는 가운데 책을 낭독시키면 나름 그럴싸하게 책을 읽으며 성취감을 느끼는 유형이 바로 몸형이다. 이렇게 몸형이 글과 친해져서 소설가가 된다면 누구보다 기발한 이야기꾼이 될 확률이 높다.

 날짜: 2013년 3월 16일 토요일   날씨: 조금 쌀쌀하다

제목: 냠냠 맛있는 짜장면

오늘 저녁 운동을 하고 와서 저녁으로 중국집 첸에 짜장면 3개 탕수육 1개, 만두 한 개를 시켰다. 그리고 난 기다릴 동안 조금 잠을 잤다. 딩동~ 마침내 짜장면이 왔다.

문이 열리자 마자 후다닥 하고 계단을 내려왔다. 난 단무지, 짜장면 2개를 식탁으로 가져갔다. 아빠가 음식을 다 갖고 오시자 마자 우리는 음식들에게 덮혀 있는 랩을 떼기 시작했다. 솔직히 말해서 랩을 뗄 때 음식이 떨어질까봐 조금 걱정이 되었다. 나는 랩이 다 뜯기자 마자 포크를 가져와서 바로 짜장면을 비비기 시작했다. 음식은 그야 말로 최고였다.

주말에 짜장면을 먹으면 기분이 새롭다. 하지만 짜장면을 먹고 나면 속이 쓰리다. 하아~ 언제쯤 이 세상에 맛도 일품이고 몸에도 좋은 짜장면이 나올까?

몸형 아이 맞춤 개별 지도법

- 문장 필사하기 숙제를 통해 진지함을 보완해 주세요.
- 친구나 가족들 앞에서 일기나 책 읽기를 발표시켜 성취감을 느끼게 해 주세요.

내 아이에게 꼭 맞는 맞춤형 지도법

아이 성별에 맞는 지도법

　　　　　남자와 여자는 겉으로 보기에도 큰 차이가 있다. 몸의 구조가 확연히 다르기 때문이다. 하지만 남자와 여자는 몸의 구조만 다른 게 아니다. 뇌 구조도 다르고, 능력이나 성격도 차이가 있다. 일기 쓰기 지도를 할 때도 성별에 따라 지도 방법이 달라진다. 물론 아이에게 '남자다움'이나 '여자다움'을 강요할 필요는 없다. 다만 타고난 아이의 기질은 존중해 주고, 성차에 따른 특징을 염두에 둔다면 아이에게 보다 적합한 교육 방식으로 가르칠 수 있을 것이다.

● **언어능력이 2년 정도는 뒤쳐지는 남자아이**

　보통 아이가 글을 잘 못 써서 답답한 마음에 나를 찾아올 때는 늘 머쓱한 남자아이를 만나게 된다. 반면 아이가 글재주가 남다르다며 그 재주를 키워 주고 싶다고 찾아오는 경우는 대부분 여자아이를 둔 학부모님이다. 개인적인 체험으로 판단할 때, 남자아이는 여자아이에 비해 대체로 언어능력이 2년 정도 늦는 것 같다. 남자아이는 글자도 삐뚤빼뚤 못생겼고, 맞춤법도 제대로 깨우치지 못해 일기를 써 놓으면 어딘가 많이 부족해 보인다. 표현도 서툴고, 어휘력도 여자아이에 비해 부족하고, 문장도 완성도가 떨어진다.

　여성과 남성의 이런 차이는 선천적인 요인과 환경적 요인에서 그 원인을 찾을 수 있다. 인류는 오랫동안 남성에게는 먹잇감을 얻기 위해 공간지각 능력과 수학적인 능력을, 여성에게는 육아를 위한 소통, 즉 언어능력을 강조해 왔다. 때문에 인류는 여성이 더 언어능력을 발전시킬 수 있는 환경 속에서 진화해 왔던 것이다. 이렇게 인류가 오랫동안 살아온 방식이 DNA에 남아 태어날 때부터 부여되는 선천적인 차이를 낳게 되었다. 그러나 이 선천적인 차이는 아이의 교육 환경에 의해 충분히 극복될 수 있다.

내 아이에게 꼭 맞는 맞춤형 지도법

실제로 미국의 한 언어능력 검사를 분석한 결과, 21세기에 들어 언어능력에서 나타나던 여성의 우세함이 계속 축소되어 현재는 그 차이가 거의 없다는 연구 자료가 있다. 환경적 요인에 의해 그 차이가 점점 좁혀지고 있다고 봐야 할 것 같다. 내가 가르치는 아이들도 일정 시간이 지나면 남자아이와 여자아이가 비슷한 속도로 실력이 발전한다. 남자아이라도 1년 정도 꾸준히 수업을 들으면 여자아이보다 글을 더 잘 쓰는 경우도 허다하다. 소소한 문장력은 여자아이가 뛰어난 반면, 글의 전체적인 구조와 논리적 전개에 있어서는 남자아이가 더 우세한 편이다.

말이 많다고 야단치지 마세요.

처음 수업을 시작하는 남자아이와 여자아이의 실력에 제법 큰 차이가 있는 것을 보면, 우리나라 가정도 남자아이에게 언어를 중시하는 환경은 아닌 것 같다. 아들을 둔 엄마라면 한번 되돌아보자. "남자아이가 왜 이렇게 말이 많니?" 혹은 "우리 아이는 남자인데, 여자처럼 감성적이라 걱정이야.", "남자는 좀 과묵한 것이 좋지." 이런 말을 한 적은 없는지? 아마도 과묵한 아들을 이상적으로 생각하는 부모들이 많을 것이다. 우리나라는 여전히 남자아이에게 암묵적으로 언어능력을 거세시키는 분위기를 조성하고 있는 셈이다.

　말은 생각을 표현하는 1차 언어라고 할 수 있다. 즉 말로 많은 표현을 사용해 본 아이가 글을 잘 쓸 가능성을 가지고 있다. 그러니 남자아이도 자유롭게 자기 의사를 표현하고 언어를 연습할 수 있도록 기회를 주어야 한다. 남자아이들은 호기심이 왕성하여 오이를 간장에 찍어 먹겠다는 둥 엉뚱한 말을 할 때가 있다. 이때 면박을 주기보다는 "정말 창의적인 생각이야."라며 칭찬을 해 주자. 자신이 생각한 것을 말로 옮기는 것은 글을 잘 쓰기 위한 전 단계의 훈련이기 때문이다. 그리고 아이만의 기발한 생각이나, 호기심을 자극하는 소재로 일기를 쓰도록 유도하면 글쓰기에도 흥미를 느낄 수 있다.

　또 남자아이들은 감정 표현이 서툴다. 남자아이들은 대화보다 활동에 초점이 맞추어져 있기 때문이다. 어떤 문제가 생겼을 때 남자아이는 충동적인 행동을 하는 경우가 많다. 동생이 장난감을 가져갔을 때, "네가 장난감 가져가서 나 화났어."라고 말하는 것보다 주먹이 먼저 나가는 것처럼 말이다. 보통은 남자아이가 공격적인 성향을 띠어서라고 그렇다고 생각하는데, 실제로는 자신의 기분이나 감정을 제대로 표현하지 못하기 때문에 말보다 행동이 앞서 나가는 경우가 더 많다. 그러니 남자아이에게 일상생활 속에서 감정을 표현하도록 유도하면 글쓰기에도 도움이 된다. 감정을 표현하는 어휘력을 길러 주는 것도 좋다.

좀 과묵했으면 하는 아들이 말이 많고 시끄럽다면 야단치고 다그치기보다, 언어 발달을 위한 과정을 겪고 있다고 생각하면 조금 마음이 편할 것이다.

삐뚤빼뚤 못난 글씨 꼭 고쳐 주고 싶나요?

남자아이를 둔 엄마들의 공통적인 고민이 또 한 가지 있다. 바로 삐뚤빼뚤 못생긴 글씨이다. 아이들이 써 놓은 일기장을 쭉 놓아두면, 글씨만 보고도 여자아이의 것과 남자아이의 것을 골라낼 수 있을 정도이니 그 심정도 이해가 간다. 어떤 어머니는 내게 다른 것은 다 괜찮으니, 글씨만 예쁘게 쓰도록 해 달라고 당부할 정도다.

나는 오히려 일기를 쓸 때만큼은 글씨로 실랑이를 벌이지 말라고 당부하고 싶다. 매일매일 쓰는 일기를 통해 글씨를 예쁘게 쓰는 연습을 하고 싶은 부모님의 마음도 이해는 간다. 하지만 일기는 그냥 마음껏 쓰게 하고, 글씨는 따로 경필 쓰기 연습을 하는 것을 추천하고 싶다.

일기 쓰는 동안 글씨 때문에 야단을 맞으면 아이의 기분을 상하게 할 수도 있고, 머릿속 생각을 글로 옮기는 일에 집중할 수 없게 될까 봐 우려되기 때문이다.

그래도 글씨를 예쁘게 쓰는 습관을 들이고 싶다면, '천천히 또박또박 써라'라는 말로 아이를 이끌어 주었으면 좋겠다. 일기를 쓰는 동안 엄마들이 옆에서 하는 말을 잘 떠올려 보자. "일기 빨리 쓰라고! 글씨 예쁘게 똑바로 써야지!" 이런 말을 하진 않았는지? 그런데 생각해 보자. 글씨를 빨리 쓰면서 어떻게 예쁘게 쓸 수 있겠는가? 글씨를 또박또박 쓰는 습관을 들이고 싶다면, 천천히 신중하게 쓰라고 하는 것이 맞다. 천천히 신중하게 쓰다 보면 한 자 한 자 신경을 쓰게 되니 자연스럽게 글씨 쓰는 습관이 고쳐질 것이다. 그러니 "천천히 또박또박 써야지."라며 글씨에 신경을 쓸 수 있는 시간을 주도록 하자.

특별히 글씨 연습을 시키고 싶다면 평소에 따로 경필쓰기 연습을 하는 것이 좋다. 그리고 경필쓰기 연습을 할 때는 시중에서 파는 글씨 쓰기 교본보다는 엄마와 아이가 직접 고른 좋은 문장을 베껴 쓰길 추천한다. 엄마가 아이에게 권하고 싶은 문장도 좋고, 아이와 함께 고른 문장도 좋다. A4용지에 경필 쓰기 연습을 위해 고른 좋은 문장을 적당한 크기로 배치해 출력한다. 그 다음 기름종이를 출력한 용지 위에 올려 아이가 베껴 쓰도록 하면 된다. 짧은 문장을 하루에 3번씩만 베껴 쓰게 하면, 시간을 많이 할애하지 않고도 문장 연습과 글씨 연습을 함께할 수 있으니 꼭 활용해 보자.

남자아이 맞춤형 지도법

- 평소에 자기 의사와 감정 표현을 말로 익숙하게 표현할 수 있도록 이끌어 주세요.
- 글씨를 예쁘게 쓰는 습관을 들이고 싶다면 천천히 또박또박 쓰도록 하세요.

● **논리와 글의 구조화가 약한 여자아이**

앞에서 말했듯, 여자아이는 남자아이보다 언어능력이 뛰어나다. 이 차이는 여자아이가 남자아이보다 말하기를 좋아하기 때문에 발생된다고 볼 수 있다. 남자아이들은 축구나 놀이를 하면서 친구를 만든다면, 여자아이들은 서로 비밀을 털어놓고 종알종알 대화를 하면서 친구들 만드는 경향이 있다. 특히 정서적인 유대감을 중요하게 생각하는 여자아이들은 '대화'를 중요하게 생각한다. 말을 함으로써 주변 사람들과 더 돈독한 관계를 맺기 때문이다. 자기의 감정을 잘 드러내지 않는 남자아이들과 달리, 여자아이들은 자신의 감정을 표현하는 데 익숙하다. 그러다 보니 남자아이보다 더 어린 나이에 문장을 말하고, 풍부한 어휘를 사용한다. 자신의 생각을 말로 옮기는 훈련이 잘 되어 있다는 뜻이다. 이러한 언어능력은 글을 쓸 때도 나타난다. 여자아이들이 문법이나 맞춤법에도 더 우월하며 대체로 기본기가 탄탄한 편이다.

거기다 남자아이 엄마들의 고민거리인 글씨에 있어서도 차이가 있다. 대체로 여자아이는 글씨도 또박또박 예쁘게 쓰는 편이다. 이것은 성향에서 원인을 찾을 수도 있지만, 남자아이와 여자아이의 성장 과정이 달라서 발생하는 차이이기도 하다. 사춘기 이전의 남자아이는 대근 운동이 발달하지만, 여자아이는 소근 운동이 먼저 발달한다. 대근 운동은 목, 팔, 다리 등 사지와 관계된 행동을 말하고, 소근 운동은 손, 손가락 및 엄지손가락을 통제하는 소근육을 사용하는 기술을 말한다. 다시 말하면 성장 과정에 따라 여자아이들이 손재주가 더 뛰어나기 때문에 글씨를 더 예쁘게 쓸 수 있는 것이다.

하지만 글쓰기의 기본기도 탄탄하고 글씨도 예쁘게 쓰는 여자아이들도 부족한 점이 있다. 여자아이들은 과연 어떤 점을 보완시켜 주면 좋을까?

표현력은 좋은데 논리가 약한가요?

여자아이는 남자아이에 비해 비교적 문장 표현에 능숙하다. 언어 습득 속도도 빠르고, 어휘력과 이해력이 좋은 편이기 때문에 글쓰기를 시켜 보면 좋은 글이 나올 때가 많다. 게다가 집중력도 좋고 성실하여 글쓰기 교육이 비교적 수월하다. 하지만 여자아이는 남자아이에 비해 논리력과 추상화 능력이 떨어진다.

그런데 이런 성향이 글쓰기에도 영향을 미친다. 종종거리며 지나가는 개미, 하늘하늘 예쁘게 핀 길가의 작은 꽃, 뭉게뭉게 지나가는 구름을 보면서 감수성이 좋은 여자아이들은 자신의 느낌과 생각을 글로 표현해 낸다. 하지만 글 전체를 한 주제로 꿰뚫어 일관성 있게 쓰는 힘이 약하다. 글 전체를 논리적으로 끌고 가는 글의 구조화 능력이 떨어지는 것이다. 그러니까 문장력은 좋지만 맥락과 상관없는 글을 두서없이 전개시켜, 말하고자 하는 바가 뚜렷하지 않는 글을 쓰는 경우가 많다.

이런 여자아이에게는 일기를 쓰기 전에 엄마가 함께 주제문을 분명하게 정해 주는 것이 좋다. 함께 주제문을 신중히 정하고, 주제문에 맞게 본문이 전개되는 방향을 이끌어 주면 아이가 글의 구조를 생각하며 쓰는 데 도움이 된다. 먼저 글을 쓸 때 시작과 본문, 마무리 글을 나누어 쓰도록 한다. 그리고 글을 쓰는 중간중간 끊어 주며 쓴 글을 처음부터 소리 내어 읽도록 시킨다. 이렇게 꾸준히 연습하다 보면 아이 스스로 글의 맥락을 파악하게 된다. 글의 개요를 짜거나, 구조를 미리 정리해 보는 등 글을 쓰기 전에 구조를 계획하는 훈련도 도움이 된다. 또 여자아이들은 일반적으로 귀납적으로 접근하는 경우가 많기 때문에 서론 몇 줄, 본론 몇 줄, 결론 몇 줄 식으로 글쓰기 공식을 명확히 정해 주는 것도 좋다.

또한 여자아이는 추상화 능력도 남자아이에 비해 떨어진다. 여자아이들이 수학이나 과학을 어려워하는 까닭도 여기에 있다. 이때 여자아이의 강점인 언어능력을 활용해서 글로 정리하면 추상적인 개념을 이해하는 데 도움이 된다. 과학 시간이나 수학 시간에 새롭게 배운 추상적인 개념을 일기장에 정리해 보자. 어렵게 느끼던 개념을 글로 풀어내면서 자기 것으로 만들 수 있게 된다. 예를 들어 과학 시간에 고체가 기체가 되는 승화의 개념을 배웠다면, 이것을 드라이아이스에 적용해서 글로 풀어 보며 개념을 익히는 것이다. 이 방법을 사용하면 어렵게 느껴지는 추상화 능력도 키울 수 있을 것이다.

가끔 여자아이들이 현실감 없는 상상의 이야기를 풀어놓는다면 '쓸데없는 이야기 그만해'라며 핀잔을 주지 말고, 특유의 감수성에 동조하며 아이의 세계를 인정해 주길 바란다. 마음껏 상상하고, 마음껏 표현할 수 있도록 도와주어 감수성을 길러주는 것이 좋다. 이렇게 여자아이에게 뛰어난 표현력과 소통 능력은 발전시켜 주되, 부족한 논리력과 구조화 능력, 추상화 능력을 꾸준히 연습시키는 것이 바로 여자아이를 지도하는 포인트라고 할 수 있다.

딸아이와도 의리는 중요해요.

엄마가 다쳐서 피가 날 경우, 남자아이들은 뛰어가 밴드를 가져오지만 여자아이들은 입술을 삐죽거리며 '엄마, 많이 아파?'라고 묻는다. 이때 아이의 눈을 보면 눈물까지 그렁그렁 맺혀 있다. 공감대가 뛰어나기 때문이다. 그래서 여자아이들은 가르치는 상대가 누구냐에 따라서도 영향을 많이 받는다. 선생님이 마음에 들지 않으면 수업 자체에 관심을 보이지 않는 경우도 많다. 수업 시간을 공부하는 시간이라기보다 선생님과의 관계 형성 시간으로 받아들이기 때문이다.

여자아이는 애교도 많고 공감대도 뛰어나지만, 때로는 부모가 어떻게 대처를 해야 할지 모를 때도 있다. 상대방이 자신의 마음을 알아주지 않으면 서운한 마음에 토라져 버리기 때문이다. 따라서 여자아이와 일기 쓰기 같은 사적인 활동을 함께하는 것은 조심스러운 일이라는 사실을 명심해야 한다. 반면 한번 정서적 유대감을 느낀 상대에게는 마음을 확실히 여는 경향이 있으므로 신뢰감을 형성하는 시간을 충분히 갖는 것이 좋다. 처음 몇 년 간은 항상 아이의 상태를 살피고, 감정을 이해해 주며 긍정적인 피드백을 주어 엄마가 확실히 자기편이라는 신뢰감을 형성하는 데 노력을 기울여야 한다.

내 아이에게 꼭 맞는 맞춤형 지도법

여자아이들과 확실하게 유대감을 갖기 위해서는 어떤 비밀을 공유하는 것이 좋다. 아이와 공유하는 비밀은 그리 거창할 필요가 없다. 같이 장을 보다가 아이하고 둘이서 아이스크림을 먹고는 "아빠한테는 비밀이야."라고 해보자. 아이는 작은 비밀을 엄마와 공유했다는 생각에 자기의 비밀을 하나 털어놓을지도 모른다.

이렇게 신뢰감을 형성하고 나면, 꾸준히 기대치를 높여 주어 학습 동기를 유도해야 한다. 남자아이는 승부욕이 강해서 도전하고 성취하는 데서 학습 동기를 얻지만, 여자아이는 안정적인 환경에 안주하려는 경향이 있다. 때문에 부모가 옆에서 끊임없이 다른 성취를 할 수 있도록 기대치를 높여 주고 용기를 북돋아줄 필요가 있다. 또한 친밀도가 높을수록 학습 효과나 생활 습관 개선이 좋아진다고 하니 여자아이를 지도할 때 유대감 형성은 필수적인 조건이다.

여자아이 맞춤형 지도법
- 일기를 쓰기 전에 주제문을 분명하게 정해 주면 논리와 글의 구조화 능력에 도움이 돼요.
- 정서적 유대감과 신뢰감을 잃지 마세요.

일기장을 보여 주지 않는 비밀스런 아이 지도법

무슨 대단한 비밀이라도 있는 듯 일기장을 꽁꽁 숨겨두고 절대로 보여 주지 않으려고 하는 아이가 있다. 이미 고학년이 되어 버린 아이의 사생활이 담긴 일기를 어느 날 갑자기 보여 달라고 하려니 명분도 없을 것이다. 이렇게 일기장을 보여 주지 않겠다고 완강히 버티는 아이와 몇 번 실랑이를 벌이다, 포기해 버리는 부모님이 내 주변에도 종종 있다.

일기장을 보여 주지 않겠다고 완강히 버티는 아이는 일기장 공개에

 내 아이에게 꼭 맞는 맞춤형 지도법

따른 안 좋은 기억을 가지고 있을 확률이 높다. 누군가 일기장을 몰래 보고 그 내용을 공개해서 곤란했던 경험이 있는 것이다. 형제 중 누군가가 자신의 일기장을 몰래 읽고 친구나 부모님에게 "~했대요."라고 이야기해서 당황했던 기억이 있다면 분명 이런 반응을 보인다. 즉 남이 일기를 읽는 것을 긍정적인 소통으로 생각하지 못하고 염탐 혹은 고자질 같은 부정적 경험으로 각인한 것이다.

한번은 내가 가르치는 한 남자아이의 동생이 자기도 수업을 받고 싶어 했다. 오빠가 수업하는 것을 보고는 부러웠던 모양이다. 여동생의 글쓰기 실력이 어떤지 알아보려고 일기장을 가져와 보라고 했는데, 일기장은 절대로 안 보여 주겠다며 버텼다. 일기 쓰기는 배우고 싶다면서 일기장은 못 보여 주겠다니 난감했지만 아이와 대화를 시도해 보았다. 아이를 한참동안 다독이며 얘기를 들어 보니, "오빠가 내 일기 봐서 낙서까지 했단 말이에요. 일기는 보여 주기 싫어요."라며 결국 속내를 드러냈다.

이럴 때는 일기를 통해 자신의 진심을 보여 주고 공감 받는 경험을 반복적으로 만들어 주어 나쁜 기억을 지워 주어야 한다. 일기를 보여 주었더니, 평소에 이해받지 못했던 것들을 이해 받게 되었다는 믿음을 갖도록 만들자. 우선 일기장 공개로 얻은 나쁜 기억에 충분히 공감해 주고 이해해 주는 것에서 출발해야 한다. "누가 일기장을 몰래 본 거야?", "일기장을 봤으면 비밀을 지켜야지, 혼을 내줘야겠네."라며 말이다. 섣불리 일기장을 계속 보여 달라고 하면 아이의 마음은 더 굳게 닫힐 수 있다.

어느 정도 마음이 열리면 두 권의 일기장을 마련해 보자. 처음부터 일기 지도를 하기보다는 함께 일기를 쓰는 것으로 시작하는 것이다. 일기 쓰는 시간을 정해 주고 아이가 일기를 쓰는 동안 엄마도 옆에서 새로 마련한 일기장에 일기를 써 보자. 그리고 엄마의 일기를 먼저 아이에게 읽어 주면서 자연스럽게 일기로 말 걸기를 시작하는 것이다. 그렇게 조금씩 아이의 마음을 열어가야 한다. 남은 일기장 한 권은 아이를 위한 비밀 일기장이다. 아이에게 이 일기장에 비밀 일기를 쓰라며 선물로 주면 된다. 진짜 세상 누구에게도 보여 줄 수 없는 일기는 이곳에 쓰고 다른 일기장에는 일상적인 일기를 쓰도록 하는 것이다. 아이가 쓰고 있는 일기장 두 권 모두 엄마가 함께 공유해도 될 때까지 기다려 줘야 한다.

시간이 흐른 후 엄마와 함께 일기 쓰기에 익숙해지면 비밀 일기 중에서 본인이 보여 주어도 괜찮다고 결정한 일기 한 편을 소리 내어 읽어 보게 해보자. 이때 아이가 쓴 글에 진심으로 공감해 주어야 한다. 아이의 입장에서 진심으로 깊게 생각해 보고 소통해야 한다. 그렇게 아이와 일기로 소통하는 시간을 꾸준히 가지다 보면, 처음에 일기를 염탐 당해서 가졌던 부정적인 인상이 조금씩 사라지고 일기로 소통하는 의미를 깨달아 갈 것이다.

비밀스런 아이 맞춤형 지도법
- 일기장 공개로 얻은 나쁜 기억이 있는지 물어보세요.
- 비밀 일기장을 마련해서 일기를 쓴 뒤 엄마부터 일기를 공개해 보세요.

학년에 맞는 지도법

　아이를 지도할 때 성향도 중요하지만 나이도 영향을 미치는 요소 중의 하나이다. 학년에 따라 아이의 수준이 달라지면서 지도법도, 일기 쓰는 방법도 달라진다.

　학년을 나누는 기준은 여러 가지가 있지만 여기서는 1학년, 2학년, 3~4학년, 5~6학년 등 4단계로 나누었다. 1학년은 그림과 글을 함께 쓰는 그림일기를 쓰고, 2학년은 줄글 일기를 시작하기 때문에 쓰기 수준이 확연히 달라진다. 그래서 지도법을 구분하여 정리해 보았다.

3~4학년과 5~6학년은 물론 학년에 따라 생각하는 깊이나 글 쓰는 수준이 다르긴 하지만 함께 묶어 설명해도 무난할 듯하다.

초등학교에서 익혀야 하는 쓰기 영역은 일기 쓰기만 잘해도 성취할 수 있는 부분이 많으므로, 아이의 능력과 수준에 맞게 지도하면 큰 도움이 될 것이다.

● 1학년 : 글을 먼저 쓰고 그림을 그리게 하세요.

8살, 초등학교 1학년에 들어가면 그림일기로 일기 쓰기가 시작된다. 그림일기는 글보다는 그림을 더 크게 그리기 때문에 부모님이 지도할 때도, 아이가 일기를 쓸 때도 크게 어려움을 느끼지 않는 편이다. 하루에 있었던 일 중 가장 강렬한 인상을 남긴 장면을 그림으로 그리고 간략한 설명을 덧붙이는 형식으로 큰 어려움 없이 쓸 수 있다. 아이에게 하루에 어떤 인상적인 일이 있었는지 물어보고, 이것을 일기장에 써 보라고만 해도 대부분 척척 해낸다.

그림일기는 유치원에서 쓰도록 가르치는 경우도 있지만, 대부분의 아이들은 초등학교 때 처음 일기를 쓰기 시작하기 때문에, 일기 쓰기에 호기심을 가지고 접근한다. 이때 아이가 호기심과 흥미를 계속 유지할 수 있도록 지도하는 것이 중요하다. 그러기 위해서는 적절한 동기를 부여해 주는 것이 좋다. 일상을 일기로 정리하는 것이 스스로에게도 도움이 된다는 사실을 확인시켜 주고, 일기를 통해 글쓰기를 연습할 수 있음을 상기시켜 주면 된다.

평소에 아이에게 며칠 전 무슨 일이 있었는지 물어보고, 아이가 대답을 못하면 일기장을 찾아보라고 하며 일상의 순간순간이 일기장에 기록되어 있음을 확인시켜 주면 효과가 있다. 즉 일기가 숙제가 아닌 일상의 기록임을 인지하도록 지도할 필요가 있다. 그리고 아이가 글쓰기를 어려워하거나, 오늘 한 일을 기억하지 못할 때도 엄마가 일기 내용을 불러 주는 일은 없어야 한다. 일기 쓰는 시간은 단축될 수 있지만 아이에게는 그저 받아쓰기 연습일 뿐이다.

그림일기를 쓸 때, 글을 먼저 쓰고 그림을 그리는 것이 글쓰기의 관점에서는 더 교육적이다. 그림일기는 오늘 있었던 일을 글로 먼저 쓰고, 그것을 그림으로 묘사해 보는 것이다. 묘사는 관찰하는 눈을 키우기 위해 필요한 학습으로 어휘력이 부족한 1학년은 관찰한 내용을 글이 아닌 그림으로 표현하는 것이다.

'글을 먼저 쓰고 그림을 그리는 것'과 '그림을 먼저 그리고 글을 쓰는 것', 언뜻 보기에는 큰 차이가 없어 보이지만 실상은 그렇지 않다. 하루 중 가장 인상 깊었던 일을 표현한다는 점은 같지만, 그림을 먼저 그리게 되면 그림에 대한 설명을 덧붙이는 정도로 글을 쓰게 된다. 하지만 글을 먼저 쓰게 되면 압축적으로 쓴 2~3개의 문장을 설명하거나 묘사하는 그림을 그리게 된다. 자신의 글을 잘 표현할 수 있는 그림이 무엇일지 고민하며 자신이 관찰한 것을 하나씩 떠올리게 되는 것이다.

예를 들어 두 아이가 친구와 자전거 탄 일에 대해 그림일기를 쓴다고 가정해 보자. 그림을 먼저 그리거나 글을 먼저 쓰거나 하루 있었던 일 중 가장 재미있었다고 떠올리는 과정까지는 같다. 한 아이는 신 나게 자전거 타는 모습을 먼저 그림으로 그린 뒤 '친구와 자전거를 탔다. 재미있었다.'라고 썼다. 다른 한 아이는 '친구와 자전거를 탔다. 재미있었다.'라고 글을 먼저 썼다. 그 다음 그림을 그리기 위해 자전거를 탈 때 어떤 일이 가장 재미있었는지 한 번 더 생각하며 장면을 떠올릴 것이다. 글의 내용은 같아도 이렇게 있었던 일을 한 번 더 되새기면서 그림 내용은 더 자세해진다. 학년이 올라가 문장력이 더해지면 이렇게 머릿속으로 그리던 장면을 그림 대신 글로 표현할 수 있게 된다. 1학년 때 그림일기를 통해 머릿속에 장면을 떠올리는 훈련이 되어 있다면 묘사력이 자라 훨씬 더 자세하고 생동감 넘치는 글을 쓸 수 있다.

　그런데 글을 먼저 쓰고 그림을 그리게 되면 글 쓰는 것보다 그림 그리기를 어려워하는 경우가 있다. 하루 중 있었던 일을 글로 간단히 쓰는 것이야 간단히 한두 문장으로 완성되니 대부분 잘 해낸다. 하지만 글을 먼저 쓰고 그림을 그리라고 하면 무엇을 그려야 할지 막막해할 때가 있다. 예를 들어 '엄마와 잠실 롯데월드에 갔다. 구슬아이스크림도 먹고 놀이기구도 탔다' 이렇게 글을 써 놓고 나면 롯데월드와 구슬아이스크림, 놀이기구 모두가 머리에 맴돌아 어떤 것을 그려야 할지 몰라 망설이는 것이다. 이럴 때는 구슬아이스크림이든 롯데월드이든 강렬하게 기억나는 것 하나를 간단히 그리되, 최대한 상황을 떠올리며 묘사하도록 이끌어 주면 된다.

　1학년 일기에서 엄마들이 주의할 것이 또 한 가지 있다. 1학년에 들어가면 국어 시간에 받아쓰기를 하게 된다. 그래서 일기 지도를 하면서도 잘못된 맞춤법이나 띄어쓰기를 지적하곤 한다. 하지만 일기 쓰는 시간만큼은 그냥 내버려 두자. 1학년 일기 쓰기에서는 정확한 맞춤법보다 일기 쓰는 활동에 흥미를 갖게 하는 것이 더 중요하다.

내 아이에게 꼭 맞는 맞춤형 지도법

1학년 맞춤형 지도법

- 글을 먼저 쓰고 그림을 그리게 하세요.
- 아이가 일기 글감을 떠올리지 못해도 일기 내용을 불러 주지 마세요.
- 맞춤법보다는 일기 자체에 흥미를 가지도록 도와주세요.

● 2학년 : 자유롭고 편하게 줄글 일기를 쓰게 하세요.

2학년이 되면 아이는 이제 그림일기와는 작별하고 줄 노트에 일기를 쓰기 시작한다. 때문에 2학년 1학기는 줄 노트에 적응하는 기간이라고 생각하면 된다. 특히 학기 초반에는 아이가 글로만 자신의 생각을 표현하기가 어려워 막막해 할 수 있다. 그동안 써 왔던 그림일기에 익숙해져 있기 때문이다. 그리고 그림일기를 쓸 때 인상적이었던 순간을 그림으로 먼저 그려 놓고 글을 써 왔기 때문에 글을 먼저 쓰는 것도 익숙하지 않을 것이다. 그런 의미에서 2학년 일기 쓰기는 줄 노트에 익숙해지는 것만으로도 큰 성과이다. 그림으로 표현하고 싶은 욕망을 조금씩 누르고 글로 차근히 써 나가는 것만으로도 9살에겐 큰일을 하고 있는 것이다.

그림일기 습관을 말끔히 고치는 계기는 보통 2학년 여름방학 즈음이라고 생각하면 된다. 아이에 따라 빨리 글쓰기에 적응하는 아이도 있지만, 대부분은 여름방학을 기점으로 바뀌는 편이다. 여름방학이 되어 방학 숙제로 일기에 관심을 두고 학습하다 보면 자연스럽게 글쓰기에 내성이 생기게 되는 것이다. 그러니 1학기 때는 아이에게 조금 여유를 주는 것도 괜찮다. 아이가 너무 힘들어하면 그림일기를 계속 그리도록 하자. 대신 1학년보다 줄글을 조금씩 늘려서 쓰도록 하면 줄글 일기로 자연스럽게 넘어갈 수 있다. 줄글 일기로 바꾼 뒤에도 그림을 그리고 싶어 하면 일기장 한쪽에 그림을 그리도록 허락해 주는 것도 좋다. 그저 2학기부터는 진지하게 써야 한다며 마음의 준비를 시켜 주는 것만으로도 충분하다.

하지만 2학년 일기 쓰기에서 꼭 해야 하는 것이 한 가지 있다. 아이가 일기를 다 쓰고 나면 마지막으로 스스로 소리 내어 읽도록 하는 것이 그것이다. 이렇게 하면 아이의 일기 속에 틀린 맞춤법이나 잘못된 문장이 있어도 야단치며 실랑이를 벌일 필요가 없다. 자신이 쓴 글을 소리 내어 읽어 보며 틀린 맞춤법이나 이상한 문장은 스스로 고치도록 하면 된다. 이것은 일종의 퇴고 과정이라고 할 수 있다. 글을 쓰는 동안은 편하게 쓰도록 하고, 다 쓰고 나서는 자신이 쓴 글을 객관적으로 다시 한 번 돌아보게 하는 것이다. 그리고 저학년 때부터 자연스럽게 일기를 소리 내어 읽고, 발표하는 연습을 해야지 일기를 통해 소통하는 법을 배우게 된다.

2학년 맞춤형 지도법

- 그림일기 쓰는 습관은 여름방학 즈음 고쳐지니 줄글 일기를 어려워해도 여유를 가지세요.
- 일기를 다 쓰고 나면 큰 소리로 읽으며 틀린 맞춤법이나 이상한 문장을 스스로 고치도록 하세요.

1~2학년군 쓰기 교과 연계 정리

● 발달 과정에 따른 교과 글쓰기

피아제 발달 단계에 따르면 초등학교 1~2학년은 구체적 조작기로 진입하게 된다. 구체적 조작기는 약 7세에서 11세에 해당되는데, 체계적이고 논리적으로 사고를 하기 시작한다. 예를 들면 가역성을 이해할 수 있어 모양이 바뀌어도 성질이 바뀌지 않는다는 점을 인지한다. 즉 그릇에 따라 물의 모양이 바뀌어도 양은 같다는 것을 안다. 따라서 과학적 추리가 가능하며, 어떤 일에 대해 원인과 결과를 추측할 수도 있다.

이 시기의 아동은 자기중심적인 사고에서 벗어나, 주변 사람의 생각을 돌아보기 시작하면서 사람마다 생각이 다를 수 있음을 알게 된다. 타인의 존재를 최초로 인식하는 단계라고 할 수 있는데, 자신의 생각이 다른 사람과 다를 수 있다는 것을 인식하기 시작하는 시기이다. 그래서 다른 사람에게 자신의 생각을 표현하며 소통하는 것을 학습해야 한다.

그래서 1~2학년 때 배우는 쓰기 영역은 다른 사람에게 자신의 정서와 감정을 표현하여 소통하는 것을 배우는 단계라고 할 수 있다. 이 시기의 가장 중요한 쓰기 목표는 자신의 생각을 글로 표현하는 것이다. 그래서 1~2학년 때는 설명하고자 하는 것, 제안하고자 하는 것, 자신의 생각과 느낌 등을 글로 써 보는 훈련이 필요하다.

특히 초등학교 1학년은 지인을 소개하는 글, 생각과 까닭을 정리하는 글을 써 보는 것만으로도 교과서 범위에 따른 쓰기 영역을 성취할 수 있다. 그림일기를 통해 주변 지인을 소개하고, 일상생활 속 사건에 대한 생각과 그렇게 생각한 이유를 적어 보면 1학년 수준의 쓰기 교육으로 부족함이 없다. 또 그림일기에 제목을 달아 보는 것으로도 학습이 된다.

2학년 국어 교과서에서는 쓰기를 통해 정서와 느낌을 표현하는 연습을 지도하고 있다. 일상에서 중요했던 순간을 떠올려 글감을 정하고, 좋고 나빴던 기분을 글로 표현하는 학습을 하는 것이다. 이를 위해 평서문, 의문문, 감탄문, 명령문 등 여러 가지 문장 형식을 만들어 보는 훈련도 필요하다.

또 사건을 요약하여 정리하는 글, 요청하는 글, 제안하는 글, 주장하는 글 등을 이 시기에 써 볼 수 있다. 친구나 부모, 선생님에게 바라는 내용을 글로 써 보면서 주장과 근거를 학습하게 된다.

1~2학년군 쓰기 교과 연계 정리

● 쓰기 내용 성취 기준

영역 성취 기준

　글자를 익혀 자신의 생각과 느낌을 간단한 글로 표현하고, 쓰기가 자신을 표현하는 유용한 방법임을 알게 한다.

내용 성취 기준

1. 글자를 익혀 글씨를 바르게 쓴다.

　연필 쥐는 법이 익숙하지 않은 1~2학년 때는 일기를 자주 쓰는 것만으로도 손의 힘을 길러 주어 글씨를 또박또박 정확한 모양으로 쓰는 데 도움이 된다. 또한 일기를 쓸 때 잠자기 직전 졸린 눈을 비비며 쓰지 말고 책상에 지긋이 앉아서 쓸 수 있도록 도우면 글씨를 바른 자세로 쓰도록 교정할 수 있다.

2. 자신의 생각을 문장으로 정확하게 표현한다.

　그림일기만 하더라도 2~3개의 문장을 완성해야 하므로 일기를 쓰는 그 자체만으로도 성취가 되는 목표이다. 일기를 쓸 때 1학년은 사실만 나열해도 좋다. 자신이 나타내고자 하는 바를 문장으로 만들어 내는 능력이 중요하기 때문이다. 2학년은 문장 끝에 온점, 물음표, 느낌표 등의 문장부호를 사용하여 자신의 생각을 보다 정확하게 쓰는 법을 익히도록 한다.

3. 대상의 특징이 드러나게 짧은 글을 쓴다.

　설명하는 글을 쓰기 위한 훈련이다. 일기를 쓸 때 친구, 가족, 장난감 등 주변 인물이나 사물 등 친숙한 대상을 선택하여 소개하는 글로 표현해 보면 도움이 된다.

4. 자신의 주변에서 일어난 일에 대한 생각을 글로 쓴다.

　이 목표는 주장하는 글을 쓰기 위한 훈련이다. 주변에서 일어난 일을 되돌아보고 그에 대한 생각을 정리해 봄으로써 해석하고 평가하는 능력을 키울 수 있다. 일기를 쓸 때 요청하는 글, 제안하는 글 등을 쓰면 도움이 된다. 글의 형식이나 내용에는 제한을 두지 않는 것이 좋다.

5. 인상 깊었던 일이나 겪은 일을 글로 쓴다.

　글쓰기가 자신을 표현하는 방법임을 깨닫는 데에 목적이 있는 목표이다. 이 목표 역시 일기를 쓰면 자연스럽게 성취가 된다. 일기를 쓸 때 주로 쓰게 되는 것이 생활 일기이기 때문이다. 아이들이 글쓰기를 쉽고 재미있게 시작할 수 있도록 글과 그림으로 함께 표현해도 좋고, 줄글 대신 동시로 표현해도 좋다.

● **3~4학년 : 글쓰기에 재미를 붙이도록 도와주세요.**

아이가 3학년으로 올라가면 아이도 엄마도 긴장한다. 3학년과 4학년은 이제 본격적으로 고학년을 위한 준비 과정이기 때문이다. 특히 4학년은 고학년의 시작이라는 인식을 심어 주어서 아이가 살짝 긴장하게 할 필요가 있다. 초등학교 6년을 반으로 나누어 3학년을 저학년의 마무리 학년으로, 4학년부터는 고학년의 시작이라고 설명해 주며 아이 스스로 자신의 위치를 그려볼 수 있도록 하면 된다. 그렇게 마음의 준비를 하고 나면 일기를 쓰는 태도뿐 아니라 생활 태도까지 조금씩 달라질 것이다.

이렇게 아이가 진지하게 일기를 쓰도록 마음의 준비를 시켰다면, 글쓰기에 있어서도 고학년이 되기 위해 기반을 다져야 한다. 고학년이 되어 깊은 주제를 다루기에 앞서 글을 어떻게 구성하여 쓰는지 이해하고 연습해야 한다. 주제를 정하고 그에 맞는 소주제를 정하여 문단도 나누어보고, 설명문, 감상문 등 형식에 맞는 글을 구성해서 일기를 쓰는 것이 도움이 된다. PART 2에 있는 글쓰기 요령을 본격적으로 연습해 보는 시기가 바로 3, 4학년이라고 할 수 있다.

다만 아직 현실과 상상을 자유롭게 넘나드는 시기이므로 딱딱한 틀에 맞추어 지도하는 것보다는 아이가 상상하는 내용을 자유롭게 쓰도록 유도하는 것이 바람직하다. 상상력을 제한하면 아이는 지루하게 느낀다. 이때 자칫 글쓰기에 흥미를 잃으면 앞으로 아이가 글을 쓸 때 큰 부담을 느낄 수 있다. 그러니 이 시기에는 일기 쓰기에 어느 정도 적응이 되면 다양한 글쓰기 형식으로 유도하여 글쓰기에 흥미를 북돋아 주는 것이 무척 중요하다.

3~4학년 맞춤형 지도법

- 구성도 생각하고, 문단을 나누어 일기를 쓸 수 있도록 도와주세요.
- 독서 감상문, 제안하는 글, 편지글 등 다양한 글의 형식을 써 보며 글쓰기에 흥미를 돋우어 주세요.

3~4학년군 쓰기 교과 연계 정리

● **발달 과정에 따른 교과 글쓰기**

피아제의 발달 단계에 따르면 이 시기에는 합리성에 눈을 뜨고 사회화가 시작된다. 나의 부모, 나와 친한 친구, 나의 선생님 등 자신과 관계 맺고 있는 주변 사회를 인식하며 호기심을 갖기 시작하는 단계이다.

이 시기에는 또래 집단이 사고의 중심으로 자리 잡게 된다. 1~2학년 때와는 달리 본인만의 취향이 급격히 형성되어 그에 맞는 친구들과 또래 집단을 만들어 간다. 때문에 일기 주제를 정할 때도 아이가 속한 사회와 관련한 주제를 다루는 것이 좋다.

또 논리적 사고도 한층 더 발달하여 다른 사람의 이야기와 행동에 공감도 하고 비판도 할 줄 알게 된다. 어떤 행동의 옳고 그름을 판가름할 때 결과에 못지않게 의도도 중요하다는 것을 이해하기 시작한다. 때문에 책을 읽고 줄거리를 추려 정리하고 감상을 적는 독서 감상문이나, 자신과 다른 사람의 생각 차이를 파악하고 자신의 의견을 제안하는 글 등을 쓰면 좋다.

눈에 보이지 않는 추상적인 개념과 문제 해결에 필요한 요인들을 골라내어 체계적으로 구성하는 능력이 발달하므로 절차와 방법을 설명하는 글을 쓸 수도 있다. 이때 사실과 자신의 생각이나 의견을 구분해서 쓸 수 있다. 또 타인의 감정과 사고에도 관심이 많기 때문에 주변 지인에게 감사의 마음을 전하는 편지글도 이 시기의 훌륭한 일기거리이다. 특히 사회, 조직 등에 관심이 많으므로 같은 집단에 있는 가족, 친구들끼리 교환 일기를 써도 좋은 시기이다.

3~4학년군 쓰기 교과 연계 정리

● **쓰기 내용 성취 기준**

영역 성취 기준

쓰기의 규범과 관습을 익혀 두세 문단 정도의 글을 일상생활에서 즐겨 쓰는 습관을 기른다.

내용 성취 기준

1. 맞춤법에 맞게 문장을 쓴다.

맞춤법을 바르게 쓰는 것도 중요하지만 지나치게 강조하면 아이들이 글을 쓸 때 부담을 느낄 수 있다. 일기 속 틀린 맞춤법을 펜으로 직접 교정해 주는 것은 피하자. 대신 평소 언어 습관을 바르게 교정해 주면 어법에 어긋나는 말은 스스로 교정할 수 있는 힘을 갖게 된다.

2. 중심 문장과 뒷받침 문장을 갖추어 문단을 짜임새 있게 쓴다.

이 목표는 일기를 쓰며 자연스럽게 성취할 수 있다. 3~4학년이 되면 일기 쓰는 분량이 많아져 한 가지 주제로 한 바닥 정도를 채우곤 한다. 따라서 여러 개의 문단을 구성하게 된다. 실전편에 나오는 본문 쓰기처럼 소주제문을 바탕으로 한 문단을 구성하고, 각각의 문단들이 자연스럽게 이어지도록 지도하면 유기적이고 짜임새 있는 글을 완성할 수 있게 된다.

3. 알맞은 낱말을 사용하여 설명하는 글을 쓴다.

　3학년 때 국어 공부가 부족하면 고학년이 되었을 때 문장 해석 능력이 떨어지게 된다. 따라서 독서나 토론을 통해 어휘력을 길러 주면 도움이 된다. 지하철 타는 방법, 도서관 이용하는 방법 등 자신이 잘 아는 것에 대해 설명하는 글을 쓰면 좋다.

4. 알맞은 이유를 들어 자신의 의견이 드러나게 글을 쓴다.

　1~2학년 때는 자신이 겪은 일에 대해 생각을 썼다면 3~4학년 때는 좀 더 구체적으로 자신의 의견을 제시하는 글을 써야 한다. 일기를 읽는 사람을 고려하여 자신의 의견으로 설득할 수 있도록 의견과 뒷받침하는 이유가 명확히 드러나야 한다. 제안하는 글, 주장하는 글을 일기에 써 보며 훈련하면 좋다.

5. 읽는 이를 고려하고, 다양한 매체를 활용하여 자신의 생각을 보다 효과적으로 표현한다.

　친구, 부모님, 선생님 등 주위 사람들에게 편지 일기를 쓰면서 고마움, 기쁨, 슬픔, 미안함, 사랑, 우정 등 자신의 생각과 느낌을 표현할 수 있는 능력을 기를 수 있다. 또한 컴퓨터 등의 매체를 적절히 활용하여 그림, 사진, 표, 동영상 등을 사용하면 글의 구성력이나 전달력을 높일 수 있다.

● **5~6학년 : 일기를 통해 생각을 키워 주세요.**

5~6학년으로 부쩍 자란 아이는 부모님들을 놀라게 할 때가 종종 있을 것이다. 일기장에도 심오한 자신만의 철학을 담아낼 때가 있어, 더 이상 아이가 아니라는 생각을 하게 만든다. 그 날 그 날의 일상을 주로 다루던 일기 속에 '나는 누구인가?', '인생이란 무엇인가?', '어떻게 살아야 바른 삶인가?'처럼 심오한 내용이 담기기 시작한다. 사춘기가 시작되는 5~6학년 때는 특히 속마음을 나누는 것이 어느 때보다 중요하다. 이때 일기 지도를 하면 아이와의 소통에 도움이 된다. 부모의 말을 잘 듣던 착한 아이가 사춘기를 맞이하면서 다른 사람처럼 변하는 것을 종종 볼 수 있다. 그러니 이 시기에는 글쓰기도 중요하지만 사춘기를 잘 넘길 수 있도록 함께 소통하는 데 역점을 주자.

3~4학년은 이것저것 시행착오를 겪으며 문제 해결을 했다면 5~6학년은 문제 해결을 위해서 이런저런 방법을 미리 생각해 시행착오를 보다 줄일 수 있다. 3~4학년보다 개념과 논리가 성장했기 때문이다. 따라서 글쓰기에서도 5~6학년은 전달하고자 하는 내용을 체계적이고 조직적으로 풀어내어 보다 성숙된 글을 쓸 수 있다. 3~4학년이 고학년을 위한 준비 과정으로 글의 구조를 파악하고, 사실과 의견을 구별

하여 글을 써 보았다면, 5~6학년은 어느 정도 완결한 글을 써내기 위해 내실을 다져야 한다.

특히 일기의 주제를 다양하게 접근해야 한다. 일상적인 내용에서 벗어나 깊이 있는 내용과 생각을 담아내면서 생각을 함께 키워 줄 수 있다. 또 다양한 형식을 시도해 보면서 논리를 전개하는 방식도 배우게 된다.

또 한 가지, 가끔은 '나'의 이야기에서 관찰자 입장으로 바꾸어 글을 쓰면 도움이 된다. 소설의 시점으로 말하자면 1인칭 주인공 시점에서 1인칭 관찰자 시점으로 글을 쓰도록 유도하는 것이다. 객관적 사고가 가능한 시기이기도 하며, 이렇게 글을 쓰면서 자신의 생각과 행동을 관찰하며 객관적으로 정리하는 연습을 할 수 있다.

5~6학년 맞춤형 지도법

- 일기의 주제를 다양한 분야에서 정해 보세요.
- 나의 이야기에서 관찰자 입장으로 바꾸어 글을 쓸 수 있도록 도와주세요.

5~6학년군 쓰기 교과 연계 정리

● **발달 과정에 따른 교과 글쓰기**

　5~6학년은 피아제의 인지 발달 단계에서 구체적 조작기의 완숙기에 해당한다. 이 시기의 아동은 지적 호기심이 높아지며 합리성이 발달하여 비현실적인 논리에 비판을 가하기도 한다. 독립적인 인격체로서 자격을 갖추기 시작하여 자신의 주장이 강해지고 가치관의 변화를 경험하기도 한다.

　때문에 자신의 주장을 펼치는 연설문을 써 보면서 생각의 틀을 정립하거나 반성의 글과 사과 편지를 쓰며 자기 성찰을 해보는 것이 도움이 된다. 또 주변에 축하할 일이 생기면 축하 글을 써 보고, 여행을 다녀온 후에는 기행문도 써 보면서 가치관을 확립해 나갈 수 있다.

　한편 12세경 사춘기가 시작될 무렵부터 성인기에 접어들기까지를 형식적 조작기라고 부르기 때문에 이 시기의 아동은 형식적 조작기에 포함되기도 한다. 형식적 조작기의 가장 중요한 특징은 융통성이 생긴다는 것이다. 어떤 문제에 직면했을 때 사건의 원인을 분석하고 결과를 추리하여 가설을 세울 수도 있고, 체계적으로 검증할 수도 있다. 융통성을 발휘하여 해결 가능한 방안을 내놓기도 한다.

　형식적 조작기에 들어간 아동은 사고 형태가 성인과 흡사하기 때문에 생각하는 범위도 커지고, 이해의 폭도 넓어진다. 도덕적, 정치적, 철학적인 생각이 깊어지므로 TV, 신문 등의 매스미디어를 보며 현실적인 사회문제에도 흥미를 갖는다. 이것은 더 큰 집단성을 지니면서 하나의 사회인으로서 위치를 잡아 가는 것이므로 호기심을 갖는 것을 장려해 주길 권한다. 발달 단계에 맞추어 TV나 신문, 책 등을 활용하여 본격적으로 주제 일기를 써 보자.

또 이 시기는 사실과 허구를 구별하는 능력을 갖게 된다. 어느 정도 이야기를 창작하는 능력도 생기므로 재미있는 이야기를 상상해서 쓰는 허구의 글을 쓸 수도 있다. 무엇보다 주제와 목적, 독자에 맞게 다양한 글을 조직하고 구성하는 연습을 해보는 것이 핵심이라고 할 수 있다.

5~6학년군 쓰기 교과 연계 정리

● 쓰기 내용 성취 기준

영역 성취 기준

   쓰기 과정에 따라 알맞은 내용을 조직하여 다양한 목적의 글을 쓰고, 이를 통해 쓰기의 가치를 인식하고 글쓰기를 생활화한다.

내용 성취 기준

1. 쓰기의 과정을 이해하고 과정에 따라 글을 쓴다.

   무엇을 쓸까 고민하고, 글감을 고르고, 소주제를 정하고, 글로 표현하고, 고쳐 쓰는 모든 단계를 일기를 쓰면서 자연스럽게 익힌다.

2. 목적과 주제를 고려하여 내용을 조직하여 글을 쓴다.

   일기는 형식이 자유로운 글이므로 종류와 쓰는 방식이 그때그때 달라진다. 따라서 그 날의 주제에 따라 어떤 내용을 쓸 것인지 정하고 그 내용을 어떻게 조직화시켜야 효과적으로 완성할 수 있을지 고민하고 계획하는 과정 속에서 성취할 수 있는 목표다.

3. 적절한 설명 방법을 사용하여 대상의 특징이 드러나게 글을 쓴다.

   1~4학년 때 설명하는 글을 써 보았지만 종합적인 분석력이 가능한 5~6학

년 때는 일의 순서, 공통점과 차이점, 분류, 원인과 결과 등 보다 체계적으로 조직화하여 설명할 수 있다.

4. 적절한 이유나 근거를 들어 주장하는 글을 쓴다.

일상생활이나 학교나 사회 문제에 대해 자신이 생각하는 내용을 주장으로 내세우고 그에 알맞은 근거를 들어 일기를 써 보도록 한다. 신문 일기를 써도 좋다.

5. 견문과 감상이 잘 드러나게 글을 쓴다.

책, 영화, 음악, 여행 등 여러 가지 경험을 통해 보고 느낀 것을 일기 속에 표현해 본다. 여행 일기나 감상 일기를 쓰면 도움이 된다.

6. 다양한 매체를 활용하여 자료를 찾고, 글을 쓴 뒤 내용과 표현이 잘 드러나도록 고쳐 쓴다.

읽는 사람이 이해하기 쉽도록 스스로 고쳐 쓸 수 있는 능력을 길러 주는 것이 좋다. 인터넷 등의 다양한 매체를 보고 참고하여 글을 쓸 때가 많아지므로 자신의 생각과 느낌은 자유롭게 표현하되, 다른 사람의 글이나 표현을 쓸 때는 출처를 밝히도록 알려준다.

PART
02

이제 아이와 함께
일기를 써 봐요.

Chapter 1

일기 쓰는 순서

5단계로
진행되는 일기 쓰기

    일기에는 공통적인 양식이 있다. 바로 날짜와 날씨이다. 본격적으로 일기를 쓰기 전에 날짜와 날씨를 쓴다. 그런 다음 일기를 쓰게 되는데, 그 과정은 5단계로 진행된다. 먼저 글감 정하기, 글을 여는 시작 글쓰기, 시작에 쓴 내용을 풀어 쓰는 본문 글쓰기, 글을 마무리 짓는 마무리 글쓰기, 마지막으로 소리 내어 읽기. 이렇게 5단계이다.

    먼저 무엇을 쓸지 글감을 정하고 나면, 글감에 대한 주제문을 한 문

 일기 쓰는 순서

장으로 확실히 제시해 주는 것이 좋다. 주제문이 정해지면 이제 본격적으로 글을 쓰기 시작한다. 이때 서론, 본론, 결론으로 나누어 글을 쓰도록 훈련하는 것이 좋다. 물론 꼭 서론, 본론, 결론으로 나누어 글을 쓸 필요는 없다. 자유로운 형식으로 자유자재로 써낼 수만 있다면 창의성의 관점에서는 더없이 좋다. 하지만 기본기에 충실하게 글을 많이 써 본 아이가 나중에 개성 있고 창의적인 구성의 글도 잘 써낼 수 있다.

글쓰기에 있어서 구성을 나누는 것은 특별한 것이 아니다. 글이라는 그릇의 모양을 결정하는 과정이라고 생각하면 쉽게 다가올 것이다. 도자기 그릇을 보면 윗부분, 중간부분, 끝부분이 같지 않다. 가는 부분도 있고, 불룩한 부분도 있고, 그 중간 부분도 있다. 글을 쓸 때도 도자기 그릇을 빚을 때처럼 어떻게 시작하고 전개될지, 또 어떻게 끝맺을지에 대한 고민을 하고, 그것을 담아내는 것이다. 서론, 본론, 결론을 딱딱하게 나눈다는 의미로 접근하기보다는 처음, 중간, 끝처럼 글이 흘러가는 전개로 이해하면 된다.

아이들이 서론, 본론, 결론을 나누어 쓰도록 이끌어 주는 방법은 의외로 어렵지 않다. 아이에게 서론은 어떻고, 본론은 어떤 것인지 장

황하게 설명할 필요도 없다. 이런 설명은 오히려 아이의 생각을 복잡하게 해서 글쓰기에 부담만 커지게 한다. 그냥 아이가 일기를 쓰기 시작할 때, 서론 5줄, 본론 10줄, 결론 5줄 정도로 분량을 일기장에 표시해 주면 된다.

먼저 아이에게 시작 글 5줄 정도를 쓰도록 시킨다. 이렇게 엄마가 옆에서 분량을 정해 주면, 아이는 노트 한 장을 다 채워야 하는 막막함에서 벗어나 당장 채워야 하는 글에만 집중할 수 있다. 이를 다 쓰고 나면 쓴 글을 소리 내어 읽어 보도록 한 다음, 문단을 나누어 본문 글 10줄 정도를 쓰게 하자. 마무리 글을 쓸 때도 마찬가지로 지금까지 쓴 글을 먼저 읽어 보고 문단을 나누어 5줄 정도 쓰도록 하면 된다. 처음 5줄을 채우기 위해 글을 쓰기 시작한 아이는 차차 본론과 마무리 글까지 완결된 글을 써나갈 수 있을 것이다.

그리고 개인적으로 사용하는 요령이 하나 있는데, 처음에 조금 긴 분량을 요구하는 것이 좋다. 아이가 긴 분량을 채우기 힘들어하면, 그때 분량을 줄여 주는 척해보자. 그러면 아이는 써야 하는 양이 줄어들었다는 생각에 선물이라도 받은 듯 기뻐하며 집중해서 속도를 내는 모습을 보인다. 그리고 학년이 올라가면 글의 양도 조금씩 늘려가는 것이 좋다.

 일기 쓰는 순서

그리고 마지막으로 자기가 쓴 글을 꼭 한번 소리 내서 읽게 해야 한다. 자신이 쓴 글을 소리 내서 읽으면서 한편의 글을 완성했다는 성취감을 느끼게도 하고, 틀린 맞춤법과 주술호응이 맞지 않는 비문을 찾아 스스로 고치도록 해야 한다. 글쓰기의 중요한 단계인 퇴고의 과정을 스스로 경험하게 하는 것이다. 글에 어울리는 제목도 다시 생각해 보고, 더 좋은 글이 되려면 어떻게 하는 것이 좋을지 얘기를 나눠 보아도 좋다. 이런 과정을 통해 자기 글을 객관적으로 보게 되면서 글쓰기의 교육적 기능을 완수할 수 있다.

일기를 잘 쓰기 위한 비법 ①

일기를 쓰기 시작할 때 서론 5줄, 본론 10줄, 결론 5줄 정도로 분량을 정해 주세요.

 일기 쓰기 단계 정리

일기 쓰기 5단계

● 준비 단계 : 날짜와 날씨 쓰기

〈안네의 일기〉, 〈난중일기〉처럼 일기에 쓴 날짜는 훗날 기록으로서 중요한 가치를 가진다. 또 직접 밖을 내다보며 날씨를 관찰하면 표현력과 관찰력을 함께 기를 수 있다.

● 1단계 : 글감 고르기

일기는 하루에 한 가지 글감을 정해서 쓰는 것이 좋다. 글감이 정해지면 한 문장으로 된 주제문으로 확장시킨다. 주제문은 아이가 글을 쓰는 방향키가 된다.

● 2단계 : 시작 글쓰기

본론에 들어가기에 앞서 어떤 화제로 시작하는 것이 좋을지 고민해 보자. 시간성, 계절성, 장소, 사건, 인물, 인용 등 서론을 시작하는 방법에는 여러 가지가 있다.

● **3단계 : 본문 글쓰기**

본문은 여러 개의 문단으로 구성될 수 있다. 본론을 쓰기 전에 각 문단의 소주제문을 먼저 정하면 아이가 보다 수월하게 내용을 전개시킬 수 있다.

● **4단계 : 마무리 글쓰기**

앞의 내용을 큰 소리로 읽게 한 뒤 글을 마무리 짓도록 하면 지리멸렬한 결론에서 벗어날 수 있다. 앞의 내용을 정리하거나 자기 생각이나 느낌을 표현하며 전체 글을 마무리한다.

● **5단계 : 소리 내어 읽기**

글이 완성되면 큰 소리로 읽어 보게 한다. 아이가 소리 내어 자신이 쓴 일기를 읽으면서 잘못된 표현이나 맞춤법을 스스로 고치도록 유도할 수 있다.

Chapter 2
날씨 표현하기

일기에 날씨를 쓰는 이유

 이미 언급했듯 본격적으로 일기를 쓰기 전에 날짜와 날씨를 써야 한다. 이때 날짜는 그날그날 일기를 적는 날을 기록하기 위해서 적는 것이라고 한다면 날씨는 왜 쓰는 것일까? 나조차도 초등학생일 때는 맑음, 비가 옴, 눈이 옴, 흐림 중 하나를 골라 칸만 채워 놓으면 그만이라고 생각했었다. 당시에는 일기장에 날씨를 쓰는 까닭이 미루지 않고 그날그날 쓰는지 확인하기 위해서라고 생각했다. 그래서 비온 날을 '맑음'이라고 다른 학생들과 다르게 적으면 야단을 맞

날씨 표현하기

을 수 있다는 상상도 했었다. 방학이 끝나갈 즈음에는 밀린 일기장에 날씨를 적기 위해 지난 신문을 잔뜩 모아두고 일기예보를 찾아보았던 기억도 있다.

　날씨 적는 칸에도 중요한 의미가 있다고 말해 준 사람이 아무도 없었으니 그 의미를 깨닫지 못한 것은 너무도 당연한 일이다. 습관적으로 적었던 날씨 쓰기에 놀라운 교육적 효과가 있음을 깨달은 것은 아이들을 가르치기 시작하고 꽤 시간이 흐른 뒤였다. 그렇다고 특별한 계기가 있었던 것은 아니다. 아이들에게 꾸준히 날씨 쓰기를 강조해서 가르치고, 나 또한 날씨를 주의 깊게 관찰하며 하루하루를 보내다 보니, 자연스럽게 그 의미를 깨닫게 되었다.

　긴 설명은 차차 하기로 하고 날씨를 쓰는 진짜 이유가 궁금할 사람을 위해 단도직입적으로 설명하면, 날씨를 쓰는 첫 번째 이유는 변화를 관찰하기 위해서이고, 두 번째 이유는 변화를 표현하는 능력을 키우기 위해서이다. 자신을 둘러싼 환경과 배경이 어떻게 바뀌고 있는지 매일매일 지켜보면 변화에 민감하게 된다.

　날씨를 쓰면서 표현력을 길러 주는 것도 중요하지만, 날씨 쓰기를 통해 가장 강조하고 싶은 것은 바로 '보는 눈'이다. 일기장에 쓰기 위해 매일매일 변화하는 날씨를 관찰하다 보면 섬세하게 세상을 바라볼 수 있는 '보는 눈'을 키울 수 있다. '보는 눈'을 키우면 단순히 글을 잘 쓸 수 있도록 도와줄 뿐 아니라 성인이 되어서 감각적이고 세밀하게 자신이 맡은 책임을 수행할 수 있는 힘이 된다.

학교 다닐 때 소설가 김영하의 수업을 한 학기 동안 들은 일이 있는데, 수업 시간 동안 '보기'에 집중하며 한 장의 사진을 보고 각자 본 것을 얘기했다. 처음에는 비슷한 것을 보는 것 같지만, 발표를 하다 보면 사진 속 장면의 이야기로 두 시간 수업이 모자랄 정도였다. 남녀 세 명

날씨 표현하기

의 아이가 함께 책을 읽는 사진을 예로 들면, 처음엔 '세 명의 아이가 책을 읽고 있다' 정도의 관찰에서 시작하는데, 점차 남자아이는 무슨 색 옷을 입었고, 여자아이의 손 모양이 어떻고, 눈썹은 어떻고, 배경의 책꽂이에는 무슨 책이 보이고, 의자 모양은 어떻다는 등 이야기들이 끝없이 펼쳐졌다. 나는 이 수업을 통해 집중력과 세상을 보는 세심한 눈을 키울 수 있었던 것 같다.

성공한 사람들은 일반인들이 보지 못한 무언가를 관찰해 내고, 그것으로 창조를 이루어 낸다는 공통점이 있다. 아이들도 마찬가지다. 실제로 관찰하기 수업을 해보면, 같은 사진을 보고도 한두 가지만 보고 포기해 버리는 아이가 있는가 하면, 끝없이 무언가를 보고 찾아내는 아이가 있다. 그리고 두 아이의 차이는 재능이 아니라 교육 방식에 따라 결정되는 것이다.

한두 가지만 관찰하는 아이에 비해, 10가지를 관찰한 아이는 상대적으로 풍부한 글을 쓸 수 있다. 볼 수 있어야 표현해 낼 수 있기 때문이다. 그리고 '보는 눈'은 날씨를 관찰하는 것만으로도 충분히 키울 수 있다.

온몸으로
변화 관찰하기

　　　　　나는 아이들에게 꼭 하늘을 보고 날씨를 쓰라고 가르친다. 여름날 장마철의 하늘과 가을로 접어드는 하늘은 분명 다르다. 피부에 닿는 바람의 느낌도 다르고, 콧속으로 스며드는 공기의 냄새도 다르다. 아이들이 이 변화를 매일매일 관찰하고 살아간다면, 아이들의 인생은 크게 달라질 것이다. 1년 내내 하늘이 조금씩 변하는 모습을 관찰한 아이는 그걸 보지 못한 아이와 분명 다른 감성을 품으며 자랄 것이다. 또 그렇게 한 해 한 해가 쌓여서 아이의 인생이 되었

 날씨 표현하기

을 때, 매우 단단하고 매서운 눈을 가진 사람으로 자라날 것이다. 민감하게 세상을 바라보고, 멈춘 듯 흘러가는 자연의 변화를 볼 줄 아는 사람. 그래서 어떤 일이 주어지든 세심하게 사안을 바라보고, 다른 사람이 보지 못한 시선으로 멋진 인생을 살아낼 수 있지 않을까? 그래서 온몸으로 변화를 관찰하는 것이 바로 날씨 쓰기의 첫 번째 목적이라고 말하고 싶다.

아이들이 이 비밀을 알고 있을 필요는 없지만, 아이를 지도하는 엄마라면 이 중요성을 깨닫고 있어야 한다. 그래서 일기 지도 초기에는 부모님이 함께 하늘을 관찰해 주어야 한다. 아이가 혼자서 변화를 관찰하기 힘들기 때문에 부모님의 도움이 매우 중요하다. 하늘뿐만 아니라, 빗방울을 함께 만져 보거나 더위와 추위 정도를 같이 느끼고 그 느낌들을 함께 나누는 것이 중요하다. 한 달 전, 혹은 일주일 전과는 어떻게 달라졌는지도 얘기해 보자. 가끔 아이와 저녁 산책을 나갈 때, 날씨에 관해 얘기를 나누는 것도 도움이 된다. 함께 달의 모양 또는 구름의 모양을 관찰하고, 계절에 따른 별자리 혹은 절기 등에 대해 이야기하면 훌륭한 공부가 될 것이다. 이런 작업을 아이와 꾸준히 해 나간다면 아이와의 교감에도 도움이 될 수 있다.

물론 날씨의 변화를 민감하게 관찰하게 하는 일은 생각보다 쉽지 않다. 그리고 간단하게 날씨를 적던 아이의 습관을 고쳐 주기란 보통 어려운 일이 아니다. 내가 가르치던 아이 중 수학을 잘하는 인영이는 이과적 사고 방식을 가져서, 날씨를 세밀하게 묘사하는 것을 처음에는 많이 귀찮아했다. 이과적 사고 방식을 떠나, 그 나이 때의 아이들은 누구나 그렇다. 특히 남자아이들은 이런 감각적 표현을 간지러워하는 경향이 있다. '맑음' 한 단어면 끝날 것인데, 굳이 일을 크게 벌이고 싶지 않은 마음 충분히 이해가 된다.

그래서 특별한 날의 날씨부터 시작해 보기로 했다. 인영이가 3학년이 되어 맞은 생일날이었다. 생일에 관한 얘기를 하고 일기 쓰기를 시작했다. 그러다 내가 물었다. "작년 생일날 날씨는 어땠어?" 인영이는 당연하다는 듯 "기억 안 나죠!"라고 대답했다. 나는 이때를 놓치지 않고, "그럼 작년 일기장에 적힌 날씨를 보면 아는데!"라고 하며 아쉬워했다. 물론 아이의 작년 일기장에는 맑음, 흐림 정도로 간단하게 적혀 있을 것이다. 그날 인영이가 일기장에 날씨를 적을 때 아이를 데리고 밖으로 나갔다. 그리고는 생일날의 그 특별한 날씨를 맘껏 느껴 보게 했다. 우리는 하늘을 유심히 관찰했고, 두 팔을 벌려 양팔에 전해져 오는 바람과 습도의 인상을 오랫동안 만끽했다. 그리고 책상으로 돌아

날씨 표현하기

와 꽤 자세하게 날씨를 적었다. 내년 생일날 인영이가 일기장을 찾아보거나, 날씨를 주의 깊게 관찰했던 일을 기억해 낼지도 모르니까 말이다.

매일 하늘을 바라보고, 주변의 변화를 관찰하는 습관을 들이는 것은 처음에는 조금 어렵다고 느껴질지도 모른다. 하지만 일주일에 한두 번 꾸준히 실행에 옮기며 습관을 들여 보자. 귀찮아하는 아이를 다그치기보다는 특별한 날부터 조금씩 시작해 보는 것이 좋다.

변화를
감각적으로 표현하기

일기에 날씨를 쓰는 두 번째 이유는 표현력을 기르기 위함이다. 날씨를 꾸준히 쓰다 보면 묘사력과 표현력, 어휘력까지 기를 수 있다. 앞에서 일기를 통해 쓰게 되는 글이 700편이라고 했다. 그 말은 6년간 날씨를 표현하는 관용구 역시 700개 이상 만들어 본다는 말이다. 날씨 쓰기는 본문에 비해 감각적인 표현이 많아 표현력 연습을 하기에 좋다. 이 의미를 깨닫고 개인적으로 날씨 표현을 아이들에게 많이 강조하고 있다.

 날씨 표현하기

표현력이 뛰어나지 않다며 막막해하는 부모님이 있을지도 모르겠다. 하지만 확실한 점은 아이 스스로 좋은 표현을 만들어 낼 수 있다는 사실이다. 아이들은 편견 없이 자신의 감각을 받아들이고, 또 그것을 표현하는 데 솔직하다. 때문에 본인이 느끼는 바를 그대로 표현하면 훌륭한 문장이 된다. 누가 알려 주지 않아도 이미 뛰어난 표현력을 가지고 있는 셈이다. 그러니 아이에게 표현력을 가르치려 하지 말고, 창의성을 키워 주는 것이 좋다.

창의성을 키우고 싶다면 요즘 미술 학원에서 가르치는 방법을 살짝 엿보도록 하자. 내가 어렸을 때는 미술 학원에서 주로 풍경화, 정물화, 포스터 등을 그리며 미술 공부를 했다. 미술 재료도 종이, 연필, 지우개, 물감, 팔레트, 물통이 전부였다. 창의성보다는 그림 그리는 기술에 중점을 두고 교육하는 것이 당시의 현실이었다. 그런데 요즘의 상황은 내가 어렸을 때와는 180도 달라졌다. 아이들의 창의성을 키워 주기 위해 다양한 재료를 활용하여 미술 활동을 한다. 골판지 박스, 티셔츠, 나무, 비닐 등 온갖 도구에 그림을 그리고, 나뭇잎, 잡지, 사진, 천 등 미술 도구라고는 상상할 수 없는 재료로 색칠을 하기도 한다. 마음껏 그리고, 창작하고, 만들어 내며 창의성을 키우고 있는 것이다.

글도 마찬가지이다. 이질적인 두 단어를 조합하여 창의적인 문장을 만들어 내는 연습을 해보면 도움이 된다. 고등학생 때쯤 배웠던 '공감각적 표현'을 기억해 보자. 예를 들어 '시각과 청각', '촉감과 후각' 단어들의 조합이 바로 공감각적인 표현이다. 초록색 사과를 표현할 때, '신선한 풀잎 향이 코를 간질이는 초록색 사과'처럼 시각적 감각과 후각적 감각을 함께 표현하면 훨씬 생생하고 살아 있는 표현이 된다. 이런 표현을 연습하기에 가장 좋은 것이 바로 날씨 쓰기이다. 더위와 추위의 정도, 비의 느낌, 맑은 햇살을 표현할 때 색깔과 냄새로, 촉감으로 아이만의 독특한 감각을 담아 표현하면 된다.

날씨를 감각적으로 표현하고 싶다면 아이가 날씨를 관찰할 때 했던 말을 그대로 적게 하면 된다. 아이가 비에 대해서 표현한 말들, 낙엽의 색깔을 표현한 말들, 눈을 관찰하며 한 말들을 잘 기억했다가 일기를 쓸 때 알려 주자. 기억하기 힘들다면 휴대전화에 녹음을 해 두어도 좋다. 아이가 단풍을 보고, "사과 색깔 같아요."라고 했다면, '사과 색깔 단풍이 나무에 가득' 혹은 "지난주보다 하늘의 색이 더 파래요."라고 했다면 '지난주보다 더 파래진 하늘'이라고 적으면 된다. 달의 모양을 관찰하다, 달무리에 관해 설명해 준다면 '달 둘레에 하얀 달무리가 있음'이라고 날씨를 적을지도 모른다.

날씨 표현하기

날씨를 구체적으로 쓰게 하기 위해 내가 선택한 방법은 '13자 이상 쓰기'이다. 보통 날씨를 구체적으로 길게 쓰라고 하거나 감각적으로 표현하라고 하면 힘들어하지만, '날씨를 13자 이상 써라'라고 하면 아이는 좀 더 쉽게 행동에 옮긴다. 13자 글자 수에 맞추어 글을 쓰면서, 생각하지 않고 대충 날씨를 쓰던 습관을 버리고, 글자 수를 세어 가며 풍부한 표현을 만들어 낸다.

이때 길게 쓰기에 익숙해지면서 매너리즘에 빠진 것 같은 문장이 반복되기도 한다. 그럴 때에는 '이번엔 한 가지 이상의 색깔을 넣어서 13자 이상으로 날씨를 묘사하라'라고 요구하면 된다. 다음에는 냄새, 촉감, 주변의 사물 등을 넣어서 문장을 만들어 보라고 해보자.

날씨 표현 만들기

　날씨와 관계되는 일차적 단어들은 하늘, 공기, 태양, 구름, 비, 눈 등일 것이다. 날씨를 쓸 때 우선 이 일차적인 단어에 대한 아이의 느낌을 간단하게 표현해 보는 것으로 시작하면 된다. "하늘이 어때? 비가 어떻게 와?" 이런 정도의 질문을 던지고 아이들이 간단히 대답하면 그걸 그냥 존중해 주고 적으라고 하면 된다.

날씨 표현하기

● 하늘
· 하늘이 파랗다.
· 하늘이 뿌옇다.
· 하늘이 투명하다.

● 공기
· 공기가 차갑다.
· 공기가 탁하다.
· 공기가 뜨겁다.

이런 간단한 표현이 익숙해지면, 이제 일차적 단어를 조금 풍부하게 묘사해 볼 수 있다. "하늘이 어떻게 파래?", "그 색이랑 비슷한 건 어떤 게 있을까?"처럼 이런저런 질문을 던져서 한 번 더 생각하게 한다. 그리고 아이들이 하는 말을 그냥 적게 하면 된다.

● 하늘
· 방금 닦은 거울처럼 맑은 하늘
· 구름이 무겁게 덮여 축 늘어진 하늘

● 공기
· 냉장고 속처럼 차가운 공기
· 숨이 턱 막힐 듯 뜨거운 공기

다음으로 날씨에 시간성을 더하면, 좀 더 자세한 표현이 된다. 시간성을 더할 때는 하루 중 날씨를 느꼈던 그 시점으로 돌아가 보는 것으로 연습할 수 있다. 추웠다면 언제 그렇게 느꼈는지를 물어보자. 혹 아침이라고 했다면, 아침 중 정확히 언제쯤이었는지 다시 물어보면 된다.

그러면 '아침에 일어나 이불에서 나올 때' 혹은 '학교에 가려고 집을 나설 때', '저녁을 먹고 난 다음' 같은 표현이 만들어진다.

- 아침, 이불 밖 얼음 같은 공기에 깜짝 놀랐다.
- 저녁을 먹고 나니, 더위가 가시고 선선한 바람이 불었다.

옷차림, 이불, 나무 색 등의 작은 변화도 날씨를 표현하는 훌륭한 도구가 된다.

- 이제 긴 바지는 입을 수 없을 만큼 더웠다.
- 반팔티셔츠를 입었더니 저녁에는 팔에 닭살이 돋는다.
- 엄마가 겨울 이불을 꺼내주었다. 두툼한 이불이 따뜻했다.
- 귀찮던 샤워가 시원해져서 행복하게 느껴졌다.
- 가로수가 초록색 잎들로 무거워 보인다.

이때 아이들의 표현이 서툴다고 실망하거나, 아이를 다그칠 필요는 전혀 없다. 기회가 된다면 '예술의 전당' 로비에 전시되어 있는 아이들의 그림을 한번 보자. 아이들의 그림은 하나 같이 삐뚤빼뚤 서툴게 보

날씨 표현하기

인다. 그래도 그 그림을 가만히 지켜보면 뭉클한 감동이 있다. 기술적으로는 완벽하지 않지만, 아이들 개개인의 상상력이 우리의 마음을 움직이기 때문이다. 마찬가지로 서툴지만 우주만큼 광활한 가능성을 지닌 아이들의 문장에 마음껏 감동해 주는 것이 훌륭한 선생님의 역할이다.

일기를 잘 쓰기 위한 비법 ②

날씨는 색깔, 냄새, 촉감, 혹은 주변의 사물 등을 넣어 13자 이상으로 쓰게 하세요.

Chapter 3

1단계, 글감 정하기

하루, 하나의 글감 정하기

　　　　　　날씨를 쓰고 나면, 이제 본격적으로 일기를 쓰기 시작해야 한다. 그런데 일기를 쓰기 위해서 꼭 필요한 것이 있다. 바로 '글감 정하기'이다. '글감 정하기'는 하루 동안 있었던 일 중에서 적절한 쓸거리를 골라 글의 방향을 정하는 작업으로, 어떤 의미에서는 일기 쓰기의 가장 핵심이라고 할 수 있다. 글감을 정하고, 글감에 아이의 생각과 의견을 담아 주제문을 정하면 글의 방향이 결정되니 말이다.

생각해 보자. 아이들이 일기 쓰기를 싫어하는 제일 큰 이유가 뭘까? 답은 간단하다. 쓸 말이 없기 때문이다. 부모님의 어린 시절을 떠올려 보길 바란다. 책상에 앉아 일기장을 펼쳐 놓으면, 뻔한 일과만 떠오르는 건 마찬가지였을 것이다. '학교 갔다, 학원 가고, 숙제하고, 밥 먹고, 일기 쓰고, 잠잤다.' 이런 뻔한 일과가 보통 초등학생의 삶이라는 점에는 부모님도 공감할 것이다. 가끔은 특별한 일이 있었던 것도 같지만, 막상 일기를 쓰려고 하면 정리가 안 되고 떠오르지 않는 것이 아이들의 솔직한 심정이다.

하지만 꼭 특별한 일만 일기의 글감이 되는 것은 아니다. 그래서 부모님이 옆에서 어떻게 도와주느냐가 중요하다. 아이와 대화를 나누며, 그날 무슨 일이 있었는지 물어봐 주고, 반복되는 일상 속에서 아이가 특별히 반응하는 것이 무엇인지 찾아 주어야 한다. 아이가 관심을 보이는 것, 혹은 일상에서도 의미를 찾을 수 있는 작은 소재를 찾아 주는 일이 바로 일기를 지도하는 사람이 해 주어야 하는 일이다. 1년 이상 누군가 함께 글감을 찾고 지도해 주어야 아이 혼자 글감을 정하고 글쓰기가 가능해진다.

글감을 정하는 일은 때때로 시간은 좀 걸리지만 그렇게 어렵지는 않다.

아이의 생각이 담길 수 있는 어떤 것도 일기장에 쓸 수 있으니 생각보다 쓸거리는 많다. 저녁 반찬, 애완동물 같은 사소한 것부터 바뀐 짝꿍이나, 동생, 학원 선생님과 부모님 등 주변 지인에 대한 생각이나 일상의 사건 사고까지 모두 일기에 담기기에는 손색이 없다. 다만, 아이의 나이와 수준에 맞는 글감, 혹은 아이가 동의하거나 흥미를 갖고 있는 글감을 찾아내는 것이 '글감 정하기'의 핵심이라고 할 수 있다.

아이가 흥미를 가질 수 있는 글감은 아이가 좋아하는 소재라고 생각하면 된다. 보통 아이가 좋아하는 사람이나 사물, 상황에서 출발하는 것이 좋다. 사람은 자신이 좋아하는 대상에 대해서 엔돌핀이 나오기 때문에 긍정적인 글감으로 글을 쓸 때 쉽게 전개된다. 예를 들어, 내가 가르치는 3학년 영제는 재미있는 동영상이나, 특이한 사건에 관심이 많다. 그래서 일상에서 글감을 찾지 못할 때는 인터넷으로 재미있는 동영상을 함께 보고 글감을 찾아본 적도 있다. 또 5학년 범석이는 새로 식구가 된 강아지를 너무 좋아해서, 강아지에 관한 일기를 쓸 때면 술술 써내곤 한다.

이 시간은 오히려 부모에게 더 유익한 시간이 될 수 있다. 아이의 관심사가 무엇인지, 아이의 일상은 어떤지, 또 아이의 생각이 어떤지 알

1단계. 글감 정하기

수 있으니 아이에 대해서 이해할 수 있게 된다. 뿐만 아니라, 부모와 아이가 정서적으로 교감할 수 있는 시간이기도 하다. 글감을 정하며 이런저런 대화를 심도 있게 나누다 보면 몰랐던 의외의 모습도 발견하게 될 것이다. 아이의 생각을 들으면서 '내 아이가 이런 아이였구나'라고 새삼 깨닫게 될지도 모른다. 어쩌면 진정한 아이의 모습을 이해하는 과정이 될 수 있을 것이다.

하지만 아이마다 개인차가 있기 때문에 도리어 곤욕의 시간이 될 수도 있다. 어디에도 관심을 보이지 않거나, 두서없이 이 말 저 말을 늘어 놓는 아이와 얘기를 나누다 보면 와락 성질이 치밀어 오를 수도 있다. 아무거나 정해서 빨리 써 주었음 하는 생각에 자제력을 잃게 될지도 모른다. 하지만 이것은 일기 쓰기 지도를 시작한 초기에 보이는 현상이니 너무 걱정할 필요는 없다. 인내심을 가지고 기다려 주자. 부모의 노력으로 아이가 바뀔 것이라고 믿는 것이 중요하다.

정해진 글감은
주제와 주제문으로
방향 잡아주기

　　　　　　　　　글감이 정해지면 그 글감에 대해서 어떤 생각을 담아낼지 방향을 잡아 주어야 한다. 보통은 '김치는 너무 매워요'처럼 글감과 주제가 한 번에 정해지는 경우가 많다. 하지만, '강아지', '내 동생' 등 막연히 글을 쓸 대상만 정해지는 경우에는 그 대상에 대한 진심이 무엇인지 함께 찾아 주는 것도 중요하다. 다시 말해 글감에 대해서 어떤 생각을 가지고 있는지 파악하고 글의 방향을 잡아 주어야 한다. 예를 들어 강아지에 관해서 글을 쓰기로 했다면, 강아지의 어떤 면을 인

1단계. 글감 정하기

상적으로 생각하고 있는지를 파악하는 작업이 필요한 것이다.

　주제를 정하기 위해서는 계속 질문을 던지면서 아이의 의견을 들어주어야 한다. 질문을 던지고 대화를 이어가다 보면 글감에 대해 남다른 관심을 보이는 주제가 있다. 뭔가 반응이 특별하고, 아이 스스로 쓰고 싶다는 의지를 보이는 주제를 선택하면 된다. 주제가 정해지면 다시 질문을 하면서 아이의 생각을 다듬어 주어야 한다. 이렇게 다듬어진 생각을 구체적인 문장으로 제시해 주면 된다. 명확한 주제문을 제시해 주어야 이 문장을 머릿속으로 상기하며 글을 쓸 수 있다. 이때 정해진 주제문을 제목으로 쓰게 하거나, 일기장 한쪽에 적어 주면 된다. 그러면 일기를 쓰면서 이를 참고하여 일관성 있는 글을 쓸 수 있다.

　1~2학년인 저학년의 경우는 글의 방향을 충분히 정했더라도 머릿속에 새로운 생각이 나면 바로 주제에서 벗어나는 글을 쓰는 경우가 자주 있다. 예를 들면 분명히 스키장에서 우연히 친구를 만나 반가웠다는 내용을 쓰기로 이야기를 나누었지만, 글을 쓰기 시작하자마자 무슨 내용을 써야 할지 기억을 못한다거나, 스키를 신는 것이 너무 어려웠다는 등의 다른 내용을 쓰려고 할 때가 있다. 이럴 때는 옆에서 주제문을 계속 상기시켜 주며 처음 쓰려고 했던 글을 쓸 수 있도록 이

끌어 줄 필요가 있다.

  주제문을 제시할 때도 아이의 성향에 따라 조금씩 다른 접근이 필요하다. 사고형 아이와 감정형 아이는 주제문을 정하고 글을 쓰는 것을 편하게 여기지만, 일단 행동을 먼저 하고 보는 몸형 아이는 글을 쓰면서 글의 방향이나 주제를 정하는 경우가 많다. 이럴 때는 처음부터 생각을 정리하도록 강요하기보다는 글을 쓰면서 생각을 정리하는 방식을 존중해 줄 필요가 있다. 억지로 주제문을 정하지 말고 글감만 함께 정한 뒤, 그에 관한 생각을 쓰도록 내버려 두면 된다. 그리고 아이가 글을 다 쓰고 나면 자신이 쓴 글의 주제를 파악할 수 있도록 질문을 던지고, 이것을 제목으로 정리하게 하면 된다. 오히려 이렇게 글을 쓰는 경우 기복은 있겠지만 생각하지 못한 창의력을 발휘하는 일도 많다. 실제로 훌륭한 작가들도 처음부터 모든 것을 계획하고 쓰기보다는 짧은 문장 하나로 글을 시작한다고 한다.

  오랜 기간 아이와 함께 주제와 주제문을 정하다 보면, 아이가 관심을 가지는 주제에 일정한 방식이 있다는 것을 깨닫게 될 것이다. 최근의 고민이나 기분 좋은 일, 자랑하고 싶은 일 등 주제와 주제문은 진짜 내면의 문제를 다루는 경우가 많다. 아이의 진심을 담고 있다 보니, 때론 도덕적으로 옳지 않은 내용을 다룰 때도 있을 것이다. 이때 아이에게 도덕성을 강요하기보다는 아이 스스로 이 감정을 해소하고 성장할 수 있도록 지켜봐 주자. 보통 첫째 아이들은 동생에 관한 얘기를 많이 쓰는데, 동생이 태어난 이후 시작된 고민이 미처 해소되지 않은 경우라고 할 수 있다. 때론 동생을 욕하는 내용을 담더라도 참아 주어야 한다. 해결되지 않는 문제를 계속 다루다 보면, 스스로 문제가 가벼워지며 해소되기 때문에 오히려 아이의 정신 건강에도 도움이 된다.

글감을 정하는 이유

날짜: 2012년 3월 15일   **날씨:** 지금은 추운데 아까는 더움

제목: 콜라와 불고기

나는 오늘 학교 운동장에서 친구들과 축구를 했다. 땀을 뻘뻘 흘리고, 점심시간에 돈까스가 급식으로 나왔다. 고기를 좋아하는 내 입맛에 딱 맞는 돈까스였다.

오늘은 운이 좋은 날인가 보다. 학교를 끝나고 편의점에서 콜라도 마실 수 있었다. 평소에는 엄마가 콜라를 사주시지 않는데, 오늘은 특별히 콜라를 사주셨다. 목이 간질간질하게 톡 쏘는 맛에 마음까지 후련해졌다. 저녁반찬으로 불고기가 나왔는데, 나는

1단계, 글감 정하기

> 우리 엄마가 만들어준 불고기를 제일 좋아한다.
>
> 하지만 저녁을 먹고 나서 불행해졌다. 숙제가 너무 너무 많아서 TV도 보지 못하고 저녁 내내 숙제만 해야 했다. 숙제가 없는 세상에서 살았으면…….

윗글은 큰 문제가 없는 것처럼 느껴질지도 모르겠지만, 짜임새가 좋은 글이라고는 할 수 없다. 위 일기의 주제가 명확히 전달되는가? 일기라는 것은 알겠지만 무슨 말을 하고 싶은지는 정확히 드러나지 않는다. 이것은 한 가지 주제로 맥락을 엮지 않고, 하루 동안 겪은 사건들을 죽 나열하고 있기 때문이다. 제목은 '콜라와 불고기'인데 축구, 돈가스, 숙제까지 관련이 없는 사건들이 소개되어 글의 통일성을 잃고 말았다.

이 글을 좋은 구성으로 고치려면 '운 좋은 날이 한순간 불행으로'라는 주제로 엮으면 된다. 그러면 주제문이 뚜렷해져서 하고자 하는 말도 정확히 전달되고, 글 구성 차원에서도 좋은 글이 될 수 있다.

또한 윗글은 최소 5개 정도의 글을 쓸 수 있는 글감을 담고 있다.

1. 친구들과의 축구
2. 급식으로 나온 돈가스
3. 편의점에서 마신 콜라

4. 불고기 반찬

5. 숙제 지옥

　어떤 글감과 주제도 일기에 담을 수 있지만, 한 가지 주제로 밀접하게 연결되도록 조직되어야 좋은 글이라고 할 수 있다. 위에서 언급한 5개의 글감은 각각 한 편의 일기로 완성될 수 있는 주제이다. 일기는 하루 있었던 일을 보고하는 보고서가 아니다. 때문에 일기를 쓸 때는 일상을 죽 나열하는 것보다는 한 가지 주제를 긴 호흡으로 설득력 있게 써야 한다. 예를 들어 위의 글감 중 2번 '급식으로 나온 돈가스'라는 글감만으로 한 편의 일기를 쓸 때 돈가스 맛과 식감을 자세히 표현하고, 돈가스의 모양도 그리듯 설명하면 표현과 묘사력을 키울 수 있을 것이다.

　한 가지 주제로 글을 쓰다 보면 어떤 사안에 대해 다각적으로 접근하게 된다. 주제에 대해 깊이 생각하게 되고, 사고의 폭도 넓어진다. 뿐만 아니라 본인의 식습관을 돌아보는 자아 성찰의 시간도 가져볼 수 있다.

1단계. 글감 정하기

주제를 품은 인상적인 제목 달기

일기에 제목을 달면 어느 내용에 대해 일기를 쓴 것인지 알 수 있다. 그리고 자신이 쓴 글에 스스로 제목을 달면서 글에서 전달하고자 하는 바를 분명하게 하는 훈련을 할 수 있다. 보통은 글감 이야기를 하며 정한 주제문을 제목에 적도록 하면 된다. 물론 주제문을 명확하게 정하지 않고 글을 쓰는 경우에는 글을 쓰면서 구체화된 주제를 나중에 제목으로 달아 주면 된다. 또 처음에 주제문을 제목으로 적어 두었다고 해도, 글을 다 쓰고 난 뒤 이에 어울리는 제목을 다시 지어보는 것도 좋다. 가끔 기발한 제목을 떠올리면 글을 쓰는 중간에라도 제목을 고쳐 적도록 한다.

  나는 처음에 주제문을 연필로 적어 두고, 다 쓰고 난 뒤에 제목을 다시 정리하는 시간을 가진다. 자신이 쓴 글을 처음부터 끝까지 읽어 보고 그 글에 적당한 제목을 다시 지어 보게 하는 것이다. 제목은 글의 주제를 전달하기에 알맞으면서 신선한 내용이어야 한다. 그래서 이렇게 제목을 지어 보는 연습은 글의 핵심을 명확히 파악하고, 창의성을 길러 주는 중요한 학습이 된다. 이런 이유로 일기 쓰기 수업을 할 때 제목 짓기를 강조해서 진행하는 편이다.

  제목은 글 전체의 주제를 관통하고 있어야 한다. 그래야 글의 정체성이 명확하게 전달된다. 또 글을 읽어 보고 싶다는 생각이 들게 하려면 인상적이면서도 긍정적인 제목이 좋다. 그리고 개념어보다는 이미지를 떠올릴 수 있는 단어를 사용하는 것이 좋다. 간결한 것을 원칙으로 하되, 경쾌한 글에는 경쾌하게, 무거운 글은 제목도 무게감 있게 달아주는 것이 좋다.

  제목 짓기를 가르치기에 가장 좋은 방법은 서점에 들러 책의 제목을 함께 살펴보는 것이다. 이렇게 아이가 스스로 책의 제목을 살펴보

1단계. 글감 정하기

게 하는 것은 백 번 설명해 주는 것보다 훨씬 효과가 있다. 아이들이 좋아하는 만화의 제목에는 어떤 트렌드가 있는지, 동화나 참고서의 제목은 또 어떤지, 고전의 제목은 또 어떻게 다른지 제목을 꼼꼼히 읽어 보며 함께 생각해 보자.

소설가의 책 제목을 예로 들어 설명하면, 최근까지 신작을 내며 몇 주 동안 베스트셀러를 기록했던 작가 조정래는 대하소설을 주로 쓴다. 우리 역사의 긴 줄기를 다룬 그의 소설은 제목도 글만큼이나 무게가 있다. 〈한강〉, 〈태백산맥〉, 〈아리랑〉, 최근의 신작 〈정글만리〉까지 그의 책 제목은 하나같이 짧고 묵직하다. 이렇게 간결한 제목만이 내용의 묵직함을 감당할 수 있기 때문이다. 반면 일본 소설가 무라카미 하루키는 단편을 주로 쓴다. 그의 단편은 경쾌하고 신선하다. 물론 제목도 경쾌하고 신선하며 비교적 길다. 〈샐러드를 좋아하는 사자〉, 〈빵가게를 습격하다〉처럼 말이다. 이런 제목이 책의 경쾌함과 기발함을 받쳐 주고 있는 것이다. 하지만 그의 소설도 장편의 경우는 제목이 다르다. 비교적 무거운 주제를 다루었던 장편 〈해변의 카프카〉와 〈IQ84〉는 제목도 짧고 무게가 있다.

한번 생각해 보자. 내용에 깊이가 없는데, 제목이 지나치게 거창하고 무게감이 있다면 어떻게 될까? 글이 제목에 눌려 힘을 잃고 만다. 반대로 글은 깊이가 있는데, 제목은 발랄명랑하다면 어떨까? 오히려 글이 무겁게 느껴져 거부감이 들 수 있다.

　제목은 나이도 반영한다. 젊은 작가의 글에는 젊고 신선한 제목이 어울린다. 반면 나이가 있는 기성작가에겐 그에 맞는 제목이 있다. 아이들의 일기도 마찬가지이다. 아이가 가진 고유함이 제목에도 담겨야 한다. 초등학생이라면 초등학생에 맞는 제목, 서툴지만 실험적이고, 톡톡 튀는 어린이다운 생각을 담고 있는 것이 좋다. 또 초등학교 시절에는 그 시절에 맞는 제목을 많이 지어 봐야 한다. 그래야 나이가 들어서는 그 나이에 맞는 제목을 지을 수 있을 것이다. 뿐만 아니라 제목에는 글의 내용도 반영하고 있어야 한다. 그러기 위해서 그날그날 일상의 무게를 제목에 녹여내는 것이 중요하다. 즐거운 날에는 기분 좋은 제목이, 힘들고 지친 날에는 위로를 주는 제목이 적당하다.

　일기 쓰기를 지도하는 엄마는 아이가 지은 제목에 이런 특성이 잘 담겨 있는지만 파악하고 특별히 설명해 줄 필요는 없다. 자신이 쓴 글을 읽고 스스로 제목을 달아 보면서 자연스럽게 깨우치게 하는 것이

1단계. 글감 정하기

가장 좋기 때문이다. 주제에 어울리는 단어를 생각해 보고, 자신의 글에 어울리는 제목을 무엇일지 진지하게 생각해 보는 것만으로도 충분하다.

일기를 잘 쓰기 위한 비법 ③

아이가 관심 있어 하는 글감을 끌어내어 일기의 주제문을 완성하세요.

학년별 일기
글감과 주제문

아무리 질문을 던져도 아이가 쓸 말이 없다며 호소할 때가 있다. 충분히 질문을 주고받았는데도 쓸거리가 없다는 것은 쓰기 싫다는 말이다. 이럴 때는 억지로 일기를 쓰게 하지 말고 다른 이유가 있는지 한번 생각해 보는 것이 좋다. 너무 늦은 시간이라 뇌가 졸고 있거나, 다른 숙제를 하느라 지쳐 있거나, 이전에 일기를 쓰다 야단 맞은 나쁜 기억이 떠올라 괴롭다거나 하는 아이의 이유와 입장이 있을 것이다. 이것을 헤아려 주도록 하자. 만약 짐작되는 이유가 있다

1단계, 글감 정하기

면 좋은 시 한 편을 옮겨 적는 것으로 일찍 끝내고, 다음 날 정신이 맑고 편한 시간에 일기를 쓰게 하면서 상황을 지켜보는 것이 좋다.

하지만 글쓰기가 싫을 다른 이유가 전혀 없다면 주제를 정해 주는 것이 좋다. 글이 짧아질 수 있으므로 이때도 그 주제에 관한 이런저런 생각을 물어보아야 한다. 가령 색깔이라는 큰 주제를 정했다면, 무슨 색이 좋은지 물어보자. 예로 분홍색이 좋다고 하면 그 색이 왜 좋은지, 또 언제부터 좋아했는지, 분홍색 물건은 어떤 것을 가지고 있는지, 분홍색과 관련된 경험은 뭐가 있었는지 물어보며 아이가 생각을 정리할 수 있도록 도와주어야 한다. 그리고 이런 시간이 아깝고 쓸 주제가 정 없을 때는 다음에 소개하는 주제들로 써 보는 것도 방법이다. 각 학년의 성장 발달에 맞는 주제들이라 학년에 맞추어 한 번쯤은 써 보면 좋은 주제들이다.

엄마가 알아두면 좋은 글감

선생님이 권하는
1학년 일기 주제

　물론 모든 학년의 아이들에게 일기에 흥미를 가지도록 하는 것이 중요하지만, 특히 1학년은 일기를 처음 접하는 경우가 많기 때문에 일기에 대한 편견을 갖지 않고 친해지도록 하는 것이 매우 중요하다. 그러기 위해, 짧은 그림일기인 만큼 일상의 소소한 일들에 관한 감정과 정서를 다루는 것이 좋다. 즉 아이가 내용을 전개시키는 것에 어려움을 느끼지 않도록 친숙한 글감을 선택하는 것이 좋다. 또 이 시기의 아동은 자기중심적인 성향에서 벗어나 타인을 인지하기 시작하므로 자신을 돌아보는 글이나 주변 지인, 사물 등을 소개하는 글을 써 보는 것도 좋다.

1단계. 글감 정하기

1. 나는 ○○○예요.

2. 우리 가족을 소개해요.

3. 우리 학교를 소개해요.

4. 내 짝꿍을 소개해요.

5. 우리 집 강아지를 소개해요.

6. 내 동생을 소개해요.

7. 나는 그림 그리기가 좋아요.

8. 나는 바느질을 잘해요.

9. 나는 요즘 발레를 배우고 있어요.

10. 나는 채소를 잘 먹어요.

11. 야식은 너무 맛있어요.

12. 오늘 이모가 놀러왔어요.

13. 동물원에 갔어요.

14. 누나와 싸워서 엄마에게 야단을 맞았어요.

15. 심부름을 잘해서 용돈을 받았어요.

16. 숙제를 못해서 가슴이 떨렸어요.

17. 시험이 너무 어려웠어요.

18. 받아쓰기 100점을 맞았어요.

19. 늦잠을 자서 지각을 했어요.

20. 아파서 열이 났어요.

엄마가 알아두면 좋은 글감

선생님이 권하는
2학년 일기 주제

  2학년이 되면 1학년 때와 마찬가지로 일기를 쓰면서 주변을 돌아보고, 생각과 느낌을 표현할 수 있다. 한편 그림일기에서 줄글 일기로 바뀌면서 늘어난 일기 분량에 대해 부담을 느낄 수 있다. 편지글, 감상문 등 1학년 때보다 다양한 글감에 도전해 보며 분량에 대한 두려움을 극복해 보자.

  또 2학년이 되면, 자신의 생각이 주변 사람의 생각과 다를 수 있다는 사실을 서서히 인지하게 된다. 때문에 일기의 글감으로 자신과 타인의 차이를 다루어 보는 것도 좋다. 혹은 글을 읽는 대상을 정해서 그에게 하고 싶은 말을 글로 옮겨 보거나, 그 대상에게 제안하거나 요청하는 내용을 담아 보는 것도 괜찮다.

1. 내 짝꿍은 수학을 잘해요.
2. 우리 오빠는 말썽꾸러기예요.
3. 학년이 바뀌니 새로운 친구가 생겼어요.
4. 2학년 수업은 이렇게 달라요.
5. 아파서 학교를 못 갔어요.
6. 요즘 시험 때문에 걱정이 많아요.
7. 구구단 외우기가 어려워요.
8. 내가 좋아하는 친구는 이런 사람이에요
9. 체육대회 준비하느라 몸살이 날 것 같아요.
10. 즐거운 현장 학습
11. 떨리는 숙제 검사(시험)
12. 더운 날씨에 수영장에 가서 너무 시원했어요.
13. 겨울 방학만 지나면 3학년이 된대요.
14. 새로운 친구 ○○아, 반가워.
15. 엄마, 오늘 저녁 맛있었어요.
16. ○○아, 너는 어떻게 그렇게 김치를 잘 먹니?
17. 엄마, 피아노(태권도)를 배우고 싶어요.
18. 친구와 슬립오버를 하게 해 주세요.
19. 어린이날(생일, 크리스마스)에 받고 싶은 선물
20. 좋아하는 책의 줄거리 요약하기

엄마가 알아두면 좋은 글감

선생님이 권하는
3학년 일기 주제

   3학년은 2학년에 비해 취향이 급격히 형성되고, 사회화가 시작된다. 그러므로 일기 글감으로도 자기가 좋아하는 것, 재미있어 하는 것, 원하는 것 등 자신의 취향을 다루어 보면 좋다.

   또 발달 단계상 옳고 그름을 판단하기 시작하고, 자신의 생각을 객관적으로 볼 수 있게 된다. 때문에 자신의 의견을 제안하거나 요청하는 글을 일기에 써서, 주변 인물이나 상황으로 시야를 확장해 주는 것이 좋다. 이때는 의견에 알맞은 이유도 적어서 자신의 생각을 객관적으로 돌아보고, 소통하는 연습을 해야 한다.

   읽기에 능숙해진 3학년은 독서량도 많아지고, TV나 영화 같은 매체에 대해 관심도 많아진다. 그러니 자신이 좋아하는 책과 영화, 드라마를 보고 어떤 점이 재미있는지를 파악하고 글로 옮겨 보자. 일기를 쓰며 자신의 생각과 느낌을 자유롭게 표현할 수 있도록 이끌어 주면 좋다.

1. 나의 장래 희망
2. 나를 가장 행복하게 하는 순간
3. 나에게 가장 중요한 사람 10명과 그 이유
4. 내가 제일 좋아하는 장난감을 소개해요.
5. 요즘 부모님과 함께 보는 TV프로그램을 소개해요.
6. 우리 반의 분위기
7. 나와 제일 친한 친구(어떤 점이 나와 잘 맞는지)
8. 오늘 겪은 일 중, 가장 인상 깊었던 일을 자세하게 써 보기
9. 친구가 눈물 나게 고마웠을 때
10. 친구나 선생님께 감사한 마음 전하기
11. 어버이날, 부모님 감사합니다.
12. 형제자매에게 고마운 마음 전하기
13. 부모님께 바라는 점
14. 이런 점은 잘못되었어요.
15. 요즘 나를 불편하게 하는 것
16. 요즘 나를 즐겁게 하는 것
17. 알라인의 마술 램프가 세 가지 소원을 들어준다면?
18. 재미있게 읽은 책은 무엇인지, 어떤 점이 재미있었는지?
19. 어렵거나 재미없는 책은 무엇인지, 어떤 점이 어렵고 재미없었는지?
20. 어떤 영화를 보았는지, 어떤 점이 재미있었는지?

엄마가 알아두면 좋은 글감

선생님이 권하는
4학년 일기 주제

4학년이 되면 글을 체계적으로 구성할 수 있는 능력이 생긴다. 3학년 때 문단의 짜임새에 대해 학습하기 때문에 제법 글의 짜임도 탄탄해진다. 상상력도 풍부해지므로, 직접 겪은 일도 좋지만 상상하여 꾸며 낸 내용도 좋은 주제가 될 수 있다. 어떤 주제에 대해 아이가 상상한 내용을 정리하거나 스토리를 짜 보자. 이제는 추상적인 개념도 이해하고 사고를 확장시킬 수 있다. 예를 들어 '만약 전기가 없다면' 또는 '만약 무인도에 간다면'이라는 주제를 주었을 때, 전기가 없음으로 인해 어떻게 생활이 바뀌는지, 아무도 없는 외딴 섬에 혼자 있을 때 어떤 일들이 벌어질지 상상하여 정리할 수 있다.

또한 이 시기에는 또래집단이 형성되고 사회화가 강해지니 편지글도 많이 써 보면 좋다.

1. 내가 철이 들었구나 싶을 때는?
2. 내 성격의 장점과 단점 5가지씩 정리하기
3. 멀리 계시는 할머니, 할아버지에게 편지 쓰기
4. 우리 반 친구를 칭찬하는 글쓰기
5. 나의 오늘 하루에 대해 엄마에게 편지 써 보기
6. 친구와 함께한 일을 적어 보기
7. 친구들과 사이좋게 지내려면?
8. 학교를 가지 않는다면 하고 싶은 일
9. 아프리카에 있는 아이에게 우리 학교를 소개하는 글쓰기
10. 자기 자신에게 편지 써 보기
11. 내가 어른이 되어 있다면?
12. 내가 동물이나 물건이 된다면?
13. 20년 후의 나의 모습 상상해 보기
14. 상상하여 이야기 만들기
15. 내가 투명 인간이나, 백만장자가 된다면 무엇을 할까?
16. 타임머신을 타고 가고 싶은 곳과 그 이유는?
17. 우리 엄마 아빠는 어떻게 만나 결혼했을까?
18. 만약에 전기가 없다면?
19. 무인도에 혼자 살아남게 된다면?
20. 날씨에 대해 일기 쓰기
21. 책을 읽은 뒤 줄거리를 요약하고 느낀 점 정리해 보기

엄마가 알아두면 좋은 글감

선생님이 권하는
5학년 일기 주제

 5학년이 되면 아이는 주변 사회에 대해 관심이 많아진다. 3~4학년 때 주변에서 벌어지는 일에 대해 옳고 그름을 판단했다면, 이제는 자신이 알고 있는 상식을 바탕으로 자신의 의견을 강하게 주장한다. 자신의 주관에 따라 가치관을 형성되기 때문에 자연스러운 현상이다. 합리적이고 논리적인 사고도 가능하기 때문에 비현실적인 것에는 비판을 가하기도 한다. 그래서 일기를 쓸 때 신문 기사에 대한 자신의 의견을 적거나, 스스로 기사문을 작성해 볼 수도 있다.

 또한 관심사를 다양하게 넓혀 줄 필요가 있으므로, 다양한 주제를 다루어 보도록 이끌어 주자. 일상을 다루는 것을 넘어 광고를 직접 만들어 보거나, 어떤 사안에 대해 찬성하거나 반대하는 글, 친구나 부모님께 사과하는 글 등을 쓰면 된다. 4학년 때와 마찬가지로 스토리를 지어 허구의 이야기를 지어 보는 것도 좋다.

1. 여름 방학 때 놀러 가고 싶은 곳과 그 이유
2. 동생의 장점과 단점을 적어 보기
3. 우리 반이 다른 반보다 부족한 것은? 잘하는 것은?
4. 부모님의 교육 태도에 관해 평가하는 글쓰기
5. 만약 선생님이 나의 오늘 생활을 전부 보았다면 뭐라고 하셨을까?
6. 부모님께 잘못한 일을 반성하는 반성문 써 보기
7. 실수하거나 잘못한 일이 있다면 대상을 정하여 사과하는 글 써 보기
8. 신문 광고의 장면을 오려 내고 말 주머니에 일기 쓰기
9. 오늘 있었던 일을 신문 기사로 써 보기
10. 신문 기사를 오려 붙이고 찬성 또는 반대하는 글 써 보기
11. 시험 없는 나라는 어떨까?
12. 내 비석에 쓰고 싶은 말은?
13. 내가 동물과 이야기할 수 있다면?
14. 좋아하는 물건을 판매하는 광고 글 써 보기
15. 동생을 광고하는 글 써 보기
16. 나를 광고하는 글 써 보기
17. 사물을 돋보기로 보듯 아주 자세하게 기록하기
18. 나무나 꽃, 곤충을 관찰하고 자세하게 묘사하기
19. 오늘의 날씨와 기분 상태를 자세하게 묘사하기
20. 내가 좋아하는 만화나 영화 감상문 써 보기

엄마가 알아두면 좋은 글감

선생님이 권하는 6학년 일기 주제

　이 시기의 아동은 책, 신문이나 방송 등 매스미디어에 대한 관심도 높아지고 현실적인 사회 문제에 대해서도 흥미를 가지게 된다. 그러므로 TV나 책을 활용하여 주제 일기를 써 보는 것도 좋다. TV나 영화에 어울리는 시나리오를 짜거나, 연설문, 축하문을 써 보는 것도 효과적이다. 또한 여행이나 견학을 다니며 기행문을 쓸 수 있도록 도와야 한다.

　6학년이 되면 꼭 해야 할 것이 원고지 쓰기 연습이다. 일주일에 한 편은 원고지에 써서 일기장에 붙여 보관하자. 원고지에 쓰면 문단의 분량을 고려할 수 있는 기준이 된다. 보통 초등학교 6학년이면 200자 원고지 7매 이상의 글을 쓸 수 있어야 한다. 전체 7장 중 서론이 1~2장, 가운데 전개 글이 4~5장, 마지막 결말도 1~2장 가량으로 글의 길이를 고려하여 쓰는 연습을 할 수 있다. 하지만 200매 원고지 7매는 꽤 긴 글이기 때문에 처음에는 2~3장 정도로 쓰고, 점점 양을 늘려가는 것이 효과적이다.

1. 내가 좋아하는 TV프로그램의 특징 파악하여 정리하기
2. 내가 만들고 싶은 TV프로그램은 어떤 것인지?
3. 내가 만들고 싶은 영화 시나리오 써 보기
4. 내가 감동적으로 보았던 영화를 분석하는 글 써 보기
5. 내가 선생님이 된다면 어떤 선생님이 되고 싶은지?
6. 신문 사설을 스크랩하고 요약하는 글 쓰고 의견 적기
7. 내가 하고 싶은 과외 활동은 어떤 것인지?
8. 나는 어떤 어른으로 자라고 싶은지?
9. 속담이나 사자성어를 써 보고 그 뜻을 정리하고 관련 있었던 사건 적어 보기
10. 탈무드의 한 이야기 정리하고 관련 있었던 에피소드 적어 보기
11. 내가 만들고 싶은 학교는?
12. 내가 학생회장이 된다고 생각하고 연설문 적어 보기
13. 친구가 상을 받았거나, 축하받을 일을 축하해 보기
14. 미술관에 다녀와서 감상문 적어 보기
15. 여름 방학 때 다녀온 여행지 소개하기
16. 유적지를 다녀와서 기행문 정리하기
17. 우리 집에 있는 골동품을 조사해서 구체적인 설명문 적어 보기
18. 우리 집 가훈을 소개하는 글쓰기
19. 부모님의 생일을 축하하는 글쓰기
20. 우리 가족의 가계도를 짜 보고 소개하는 글 써 보기

Chapter 4

2단계, 시작 글쓰기

첫인상을 심어 주는 시작 글

이 글을 읽는 어머니들의 초등학교 일기장을 한번 떠올려 보자. '나는 오늘'로 시작하는 일기는 과연 몇 편이나 될까? 아마 대부분이 아닐까? 어쩌면 '나는 오늘 무엇을 했다.' 이렇게 써 놓는 것이 나름의 글을 시작하는 방법이었는지도 모르겠다. 무슨 글이라도 한 문장 써놓고 나면 글쓰기가 편해지는 것은 당연하니까. 요즘의 아이들도 크게 다르지 않다. 어떤 내용이든 시작을 하게 되면 나머지는 어떻게든 써낸다. 엄마들이 할 일은 '나는 오늘' 대신 글을 시작하기에

좋은 다양한 문장들을 찾아낼 수 있도록 안내를 해 주는 일이다.

대부분의 아이들은 노트 한 장을 다 채워야 한다는 부담감으로 글을 시작한다. 아이들은 어렵고 부담스러우면 산만해진다. 괜히 연필을 탓하거나, 노트에 묻은 연필 자국을 신경 쓰며 지우개를 찾기도 한다. 이럴 때는 아이를 나무라지 말고, 어려워하는 마음을 먼저 헤아려 주자. '아이가 지금 시작이 어렵구나'라고 생각하고, "왜? 어려워?"라고 하며 일단 5줄만 먼저 쓰자고 이야기해 준다. 그러면 산만하던 아이가 이 5줄에 집중하기 시작한다. 마치 5줄만 쓰고 나면 끝나는 것 마냥 말이다.

이렇게 글을 쓰기 시작하면 일기 쓰기는 오로지 아이들의 몫이다. 옆에서 어떻게 쓰라고 가르치기보다는 정해진 글감에 대한 자신의 생각을 편하게 쓸 수 있도록 내버려 두는 것이 좋다. 5줄을 10분 안에 쓰라고 하고, 잠시 다른 볼일을 본 뒤 쓴 글을 살펴보는 것도 괜찮다. 글쓰기는 절대 가르칠 수 있는 것이 아니다. 아이들은 가르치려고 하면 할수록 부담스러워하며 편하게 쓰질 못한다. 반면 부담을 주지 않는다면 아이들 나름의 창의적인 방향으로 잘 써낼 수 있다. 그러니 어떻게 쓰라고 하거나, 심지어 옆에서 글을 불러 주어 문장을 완성해 주는 일은 절대 해서는 안 될 일이다.

아무리 아이가 혼자 쓰도록 내버려 둔다고 해도, 아이를 지도하는 엄마는 시작의 의미를 알고 있어야 한다. 엄마 스스로 글을 시작하는 의미를 알고 있어야 방향을 잡아 줄 수 있기 때문이다. 그런 의미에서 시작에 들어가면 좋을 여러 요소들을 정리해 두었다.

글의 시작은 마치 소개팅에 나온 상대와 나의 첫인상 같은 것이다. 처음 만난 상대의 첫인상은 3분 안에 결정된다고 한다. 첫인상이 좋은 상대는 더 만나보고 싶은 마음이 생기지 않는가? 글도 마찬가지이다. 처음 몇 줄이 재미있으면 좋은 인상을 갖고 나머지 글까지 읽게 되는 것은 당연한 결과이다. 아이들 스스로 글을 어떻게 시작해야 할지 고민하게 하는 것은 화제를 어떻게 끌어내서 말문을 열고, 글을 읽는 사람에게 어떻게 좋은 인상을 남겨 자신의 글을 계속 읽게 할 것인지를 고민하게 하는 작업이다.

시작으로 좋은 내용들

'나는 오늘' 대신 일기를 시작할 때 들어가면 좋은 내용은 무엇일까? 막막한 기분을 느낄지도 모르겠다. 하지만 시간, 장소, 사건, 인물, 인용 등 글을 시작하는 방법에는 여러 가지가 있다.

● **시간성, 계절성으로 시작하기**

시간성 혹은 계절성은 소설이나 에세이 등 문학 작품을 시작할 때 주로 사용되는 내용이다. 인간은 환경에 영향을 받고 살아가기 때문에 주인공의 심리 상태를 암시하기 위해 시간이나 계절, 날씨 등을 묘사하며 글을 시작한다. 아이들의 일기에서는 중심 화제가 특별한 날의 감정 상태를 날씨나 시간과 연결지어 시작하면 공감을 일으킬 수 있다. 이미 날씨를 쓰면서 연습한 표현들을 좀 더 심화해서 써 보며 문장력도 함께 기를 수 있다.

 아침

아침에 눈을 떴을 때, 평소와 다르게 집안이 너무 조용했다. 시계는 8시 반을 가르치고 있었다. 지금 준비를 하고 학교를 가도 지각이다. 갑자기 아무 생각도 나지 않고 어떻게 해야 할지를 몰랐다. 엄마는 아직 주무시고 있었다.

 점심

점심시간에 짜장밥이 나왔다. 기분이 좋았다. 짜장을 밥과 잘 비벼서 먹으면 빨리 먹을 수 있고, 얼른 먹고 나가 운동장에서 친구들과 축구할 시간이 길어지기 때문이다. 한 숟가락 듬뿍 떠먹고 오물오물 씹으며 머리 속으로는 축구 생각을 했다.

📅 저녁

이모님이 챙겨주신 저녁을 먹고 한참이 지났는데도 엄마가 오시지 않았다. 엄마가 안 오시니까 숙제를 해도, TV를 봐도 집중이 잘 되지 않았다. 괜히 동생이 무서워할까 걱정이 되서 아무렇지 않은 척 동생과 TV를 보고 있었다.

📅 봄

노오란 개나리가 아파트 곳곳에 피어 있었다. 햇살도 따뜻해져서 밖에 나가서 맘껏 뛰어놀고 싶은 날이었다.

📅 여름

태양이 너무 뜨거워서, 몸이 타버릴 것만 같은 날이다. 꼭 돋보기 빛에 타들어가는 먹지처럼 나도 연기를 내는 것 같은 날이다.

📅 가을

하늘이 파랗고 예쁜 날이다. 더위도 가시고 선선한 바람이 겨드랑이를 간지럽히는 날이다.

📅 겨울

밤사이 하얀 눈이 소복이 내려 세상이 온통 하얗다. 아무도 밟지 않은 부드러운 눈을 총총 밟으며 걷고 있었다.

● 장소로 시작하기

특별한 장소에서 발생하는 사건이나 상황을 주제로 정했다면 장소를 설명하는 글을 시작하면 인상적인 글이 될 수 있다. 특히 역사 탐방이나 현장학습을 갈 때는 장소에 대한 정보나 생각을 옮겨보면서 그곳에 대한 자신의 생각을 정리할 수 있고, 기억력도 높일 수 있다. 그래서 역사 탐방을 다녀온 후에는 이런 방법으로 글을 시작하게 한다. 또 장소에 대한 묘사로 글을 시작할 경우 자세한 묘사나 설명을 하게 되므로 표현 연습과 문장력도 키울 수 있다.

📅 집

우리 집은 남산 옆에 있는 아파트이다. 그래서 주말에는 가끔 아빠와 걸어서 남산까지 등산을 한다. 남산까지 걸어가는데 한 시간도 안 걸린다. 아빠랑 도란도란 얘기

2단계. 시작 글쓰기

를 하며 걷다보면 어느새 남산에 도착해 있다.

친구 집

영우네 집은 아파트가 아닌, 일반 주택이다. 나는 태어날 때부터 아파트에서만 살았다. 늘 엘리베이터를 타고 집에 들어가는데, 영우네 집은 계단을 올라가서 집으로 들어간다. 계단 옆으로는 조그만 마당도 있다. 영우와 나는 마당에서 점프볼을 하며 놀 수도 있다. 야호! 오늘은 영우네 집에서 슬립 오버를 하는 날이다.

경복궁

엄마랑 동생이랑 경복궁에 갔다. 경복궁은 흥선대원군이 왕권을 강화하기 위해 당백전을 발행해 지은 궁이라고 사회시간에 배웠다. 하지만 당백전을 너무 많이 발행해서 물가가 상승했고 결국 국민들에게 지탄을 받게 되었다고 한다.

다음 일기는 한 아이가 직업 체험을 하고 쓴 일기이다. 장소로 시작하여 마치 현장에 있는 것처럼 생동감 넘치는 글이 되었다.

 날짜: 2012년 7월 27일

날씨: 에어컨을 켜도 땀이 철철 나는 아주 더운 날씨

제목: 키자니아에서의 국방부

'수슈슉' 우리는 지금 국방부에서 시민구출 작전을 실행하고 있다. 작전 성공! 우리는 시민을 구했다. 사실 여기는 '키자니아'다.

우리(사촌이랑 같이)는 아르바이트 신문 배달, 아나운서, 대사관, 칠성사이다, 공장 등등을 했다. 물론 제일 재미있던 것은 '국방부'이다. 국방부를 하려고 30분이나 기다렸는데, 기다린 보람이 있었다. 국방부에서 갖가지 미로가 있었는데, 내가 제일 좋아한 코스는 '로프타기'이다. 로프 타기는 3층 길에서 로프를 타고 내려오는 코스다. 나는 팀장이 되었다. 그만큼 책임감이 따랐다.

12시까지 아무것도 먹지 않고 놀다가 점심을 먹으니 아주 꿀맛이었다. 군인들이 밥이 맛있다더니 이해가 간다. 나중에 또 올 때는 키조(키자니아 돈)을 더 많이 벌어서 쇼핑몰에 가봐야겠다.

● 사건으로 시작하기

일상에서 발생하는 사건을 적어보면서 일기를 시작할 수도 있다. 일기는 보통 일상에서 일어나는 사건을 다루기 때문에 시작을 사건으로 열게 되면 본문 쓰기를 통해 의외의 효과를 얻을 수 있다. 아이들은 사건으로 글을 시작할 때 그 사건에 대해 가장 강한 주관적 인상이나

2단계. 시작 글쓰기

생각을 쓰는 경향이 있다. 즉 그 사건에 대해서 가장 하고 싶은 말이자, 자신의 입장을 먼저 쓴다. 이렇게 시작글에서 진짜 속마음을 담아 감정을 다 풀어내고 나니, 본론과 결론에서는 어쩔 수 없이 자신의 감정을 객관적으로 돌아보는 글을 쓸 수밖에 없게 된다.

이때 시작 글을 보고, 엄마가 아이의 속마음에 먼저 공감을 해 주면 오히려 감정 찌꺼기가 해소되어 자신의 감정을 객관적으로 볼 수 있는 에너지가 생긴다. 아래 소개되는 시작 글을 보며 엄마가 먼저 "오빠라고 너만 야단쳐서 엄마가 엄청 미웠겠구나! 다음에는 네 얘기도 들어줄게." 혹은 "엄마도 학교 다닐 때 운동회 연습하느라 고생했는데, 그래도 지금은 그때가 그립다!" 이런 정도로 공감을 해 주면 속상한 감정을 이해 받았다고 느끼게 된다. 이렇게 되면 본론을 쓰면서 스스로의 감정을 객관화하여 돌아보며 성장할 수 있는 계기가 될 것이다.

동생과의 싸움

늘 있는 일이지만, 오늘 또 한 번의 전쟁이 있었다. 엄마는 늘 나를 야단치지만, 싸움은 늘 동생이 시작한다. 동생은 울기만 하면 모든 게 해결되는 줄 안다. 울면 엄마가 나타나 나를 야단칠 거고 그러면 동생이 더 미워지고……. 늘 이렇게 전쟁이다.

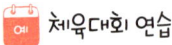 체육대회 연습

체육대회 연습은 왜 하는 것일까? 어차피 체육대회 날 즐겁게 달리기도 하고, 축구, 농구도 하고, 경기를 하며 즐겁게 놀면 되는데 말이다. 뜨거운 햇볕 아래에서 늘 똑같이 반복되는 운동회 연습을 하다보면 운동회까지 시시해진다.

● **인물로 시작하기**

한편 인물로 시작되는 일기도 있다. 친구의 외모를 묘사하거나, 성격 혹은 그만의 독특한 행동을 설명하며 글을 시작하면 그 인물과 함께 겪는 에피소드가 본문에 담길 것을 암시한다. 이 방식은 본문에 이어지는 사건이 훨씬 풍부하게 전달되는 장점이 있다. 뿐만 아니라 인물을 표현하기 위해서는 상대에 대해 한 번 더 생각하고 고민하는 시간을 갖게 된다. 이런 연습을 통해 사람을 세밀하게 관찰하고 파악하는 능력도 키워줄 수 있다.

영재는 상상력이 풍부한 장난꾸러기이다. 가끔 기발한 뻥으로 아이들을 놀라게 하지만, 정이 많고 마음 좋은 친구이다.

📅 현민이는 보기에는 듬직한 곰 같지만, 마음이 여린 여자아이 같다. 자분자분 만들기도 좋아하고 친구들 말도 고분고분 잘 들어준다.

📅 수학천재 인영이는 뭐든 빠릿빠릿 잘한다. 운동도 잘하고, 만들기도 잘하고, 공부도 잘한다.

📅 한지는 똑순이 반장이다. 늘 모범생처럼 자기 할 일을 알아서 잘하고 어려운 일도 잘 참는다.

● **인용구, 속담, 영화 등으로 시작하기**

직접 나누었던 대화, 다른 책이나 영화에서 접했던 문장, 속담, 명언 등 다른 사람의 말이나 다른 매체에서 본 문장을 인용하며 일기를 시작할 수도 있다.

책을 많이 읽은 아이들은 시작에 인용할 수 있는 문장을 더 많이 가지고 있는 셈이다. 나는 특히 아이들에게 『탈무드』와 『채근담』을 읽도록 추천한다. 초등학생 일기장에 인용하기 적당한 문구들이 응집된 책이 바로 『탈무드』와 『채근담』이다. 『탈무드』는 유대 인 사이에 내려오는 오래된 율법서이고, 『채근담』은 중국 명나라 홍자성(홍성)의 어록집이다. 『탈무드』가 서양의 행동지침을 담은 책이라면 『채근담』은 동양의 처세술 책이다. 『탈무드』는 아이들도 이해하기에 쉽게 이야기로 엮어 초등학교 저학년도 쉽게 읽을 수 있다. 반면 『채근담』은 한자어를 우리말로 풀어 놓기는 했지만, 한자로 된 어록집이며 은유적 표현이 많아서 초등학교 고학년이 읽기에 좋다. 읽으면서 인상적인 내용들은 줄을 쳐 두거나, 노트에 정리해 두면 인용구로 활용하기에 좋다. 이 외에도 인용할 수 있는 요소들은 참 많이 있다. 사자성어나 속담, 명언을 편집해 놓은 책을 몇 권 참고용으로 두고 시작할 때 활용하면 좋다. 요즘에 나오는 명언집은 우정, 행복, 시간, 용기, 희망 등 주제별로 묶어 둔 것이 있으니, 일기글의 내용에 따라 적절히 활용할 수도 있다. 속담 100개 정도를 프린트 해 놓고 책상에 붙여 두었다가 글을 쓸 때 하나씩 참고하는 것도 좋은 방법이다. 교회에 다니는 집안이라면 성경의 구절도 활용하기 좋은 인용문이 될 수 있다.

   영화를 좋아하는 아이라면 평소에 본 영화나 애니메이션의 주제나 대사를 정리해 두고 활용해도 좋다.

   아랫글은 이를 뺀 경험을 속담 인용으로 끌어낸 일기이다. 상황에 맞는 적절한 인용구를 찾는 것은 그만큼 글에 대한 이해력이 높아졌

2단계. 시작 글쓰기

다는 뜻이니 일기가 서툴어도 인용구를 넣었다는 자체가 칭찬할 만한 일이다.

📅 날짜: 2011년 11월 9일   날씨: 하얀 구름이 하늘 중간까지 가득 덮여 있다.
제목: 이빨 빠진 날

쇠뿔도 단김에 빼라고 했는데, 어제 내가 흔들리는 이빨을 망설임 없이 확 빼버렸다. 이번에 드디어 5번째 이빨이 빠졌다. 언젠가부터 이빨이 흔들리기 시작했는데, 어제 이빨이 45도로 기울어지기 시작하면서 빠질 것 같았다.

나는 망설임 없이 이빨을 돌리기 시작했다. 조금 이따가 거울에 가봤더니 이가 빠지기 시작했다. 하지만 아프지는 않았다. 피도 별로 나지 않았다. 아빠한테 전화를 했더니, 아빠가 베개 뒤에다가 놓으면 용돈을 주신다고 말씀하셨다. 하지만 용돈이 없는 것을 보니, 아빠가 깜박하신 모양이다. 그래서 아빠에게 내가 학교 가는 동안에 용돈을 달라고 했는데, 집에 왔더니 용돈도 없고 이빨도 사라졌다.

치과에 가지 않고도 이빨을 안 아프게 뺄 수 있는 것을 알았으니, 치과를 가지 않아도 되겠다. 치과를 안 가고 내가 뺐으니, 아빠한테 병원비를 나한테 달라고 할 수도 있겠다.

시작 글을 잘 쓰려면
서론 노트 만들기

　　　　　　대학 입학을 준비하거나, 언론사에 입사하기 위해 논술을 준비하는 경우라면 글쓰기 연습뿐 아니라, 평소에 책을 많이 읽고, 시사 상식도 착실히 공부해 두어야 한다. 상식 공부나, 독서를 통해 익힌 지식을 글쓰기에 활용할 수 있는 부분이 바로 서론 쓰기이다. 주의를 환기시킬 수 있는 인상적인 내용을 서론에 담아야 시험 감독관이 글에 흥미를 가지고 읽어 나가기 때문이다. 그러기 위해서는 사람들이 잘 모르는 이야기이지만, 설득력이 있고, 보편적인 내용이 좋다.

고등학생이나 언론사를 준비하는 대학생이라면 평소에 서론 노트를 마련해 두고 책을 읽다가 인상적인 부분을 노트에 정리해 두라고 조언해 준다. 미리 인용구를 준비해 두고, 글을 쓸 때마다 주제에 맞게 적절히 활용하도록 말이다. 삼국지를 즐겨 읽는다면 삼국지에 나오는 전략이나 문구로 글을 시작하고, 시를 많이 읽는다면 시 한 구절로 글을 시작하면 된다. 이렇게 자신이 관심을 갖고 있는 내용을 노트에 정리해 두었다가 필요할 때마다 찾아보면 좋다. 평소에 자료를 많이 모아 두어야 다양한 주제에 맞는 시작 글을 쓸 수 있다.

논술을 준비하는 고등학생뿐 아니라 초등학생도 서론 노트를 만들면 좋다. 하지만 초등학생이라면 혼자 만들기가 힘들므로 엄마가 도와주어야 한다. 먼저 노트를 한 권 구해, 아이와 함께 책을 읽을 때마다 인상적인 내용을 노트에 대신 정리해 주는 것이다. 그리고 일기를 시작할 때 주제에 맞는 내용을 찾아서 읽어 주어 활용하도록 도와주면 된다. 귀찮은 일이지만, 아이를 위해서 꾸준히 해 주면 평생 간직해도 좋을 소중한 유산이 될 것이다.

서론 노트는 각자 편한 방식으로 만들면 되는데, 굳이 거창하게 시작할 필요는 없다. 책을 읽으며 기억하고 싶은 내용이 있다면, 서론 노트에 적어 남겨두는 정도로 충분하다. 일일이 적는 것이 귀찮다면, 휴대전화 카메라로 구절을 사진 찍어 두는 것도 괜찮다. 하지만 사진으로 남겨 둔 것은 컴퓨터든, 노트에든 잘 정리해 두어야 나중에 활용하기에 좋다. 이때 책 제목과 지은이도 함께 기록해 두어야 한다. 서론을 쓸 때, 책의 제목과 작가를 언급해 주며 지은이의 의도를 함께 전달하는 경우가 많기 때문이다.

책에서 읽은 내용뿐만 아니라 속담, 역사적 사실, 격언, 영화의 한 장면, 신문 기사 등 어떤 내용도 적어 두면 효과적으로 이용할 수 있다.

무엇이든 처음에 시작할 때는 의욕이 높기 때문에, 처음 노트를 만들 때 앞쪽을 든든하게 채워 두는 것도 방법이다. 우선 속담을 50개에서 100개 정도 정리한 뒤 인쇄해서 노트에 붙여 두는 것도 좋다. 함께 속담을 하나 하나 읽어 보며, 인상적인 속담에 색깔 볼펜으로 밑줄을 그어 표시하게 하면 아이도 노트에 애정이 생길 것이다. 속담 외에도 『탈무드』나 『채근담』에서 읽은 인상적인 내용을 아이에게 옮겨 적도록 하는 것도 좋다. 물론 아이가 적는 것을 귀찮아하면 엄마가 대신 써 주는 것도 괜찮다.

이렇게 서론 노트를 한 권 만들어 책꽂이 한쪽에 꽂아 두었다가, 함께 책을 읽거나 영화, TV를 보다 인상적인 내용을 발견하면 꾸준히 정리하자. 또 일기를 쓸 때, 이렇게 정리해 둔 노트를 옆에 꺼내 두고 엄마가 "이 글은 저번에 읽는 ○○으로 시작해 보면 어떨까?"라며 적당한 글을 찾아 읽어 주면 된다.

일기를 잘 쓰기 위한 비법 ④

- 아이에게 10분 동안 5줄을 쓰도록 하고 잠시 혼자 두셔도 돼요.
- 시간이나 인물, 사건 등 인상적인 글로 시작해 주세요.
- 서론 노트를 만들어 정리하면 필요할 때 좋은 표현들을 인용할 수 있어요.

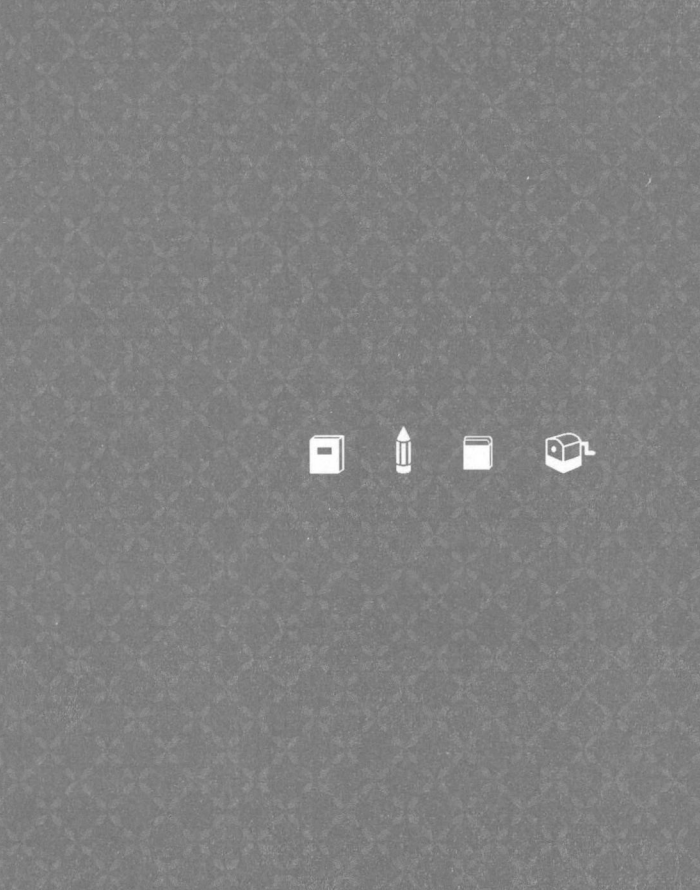

Chapter 5

3단계, 본문 글쓰기

글감에 대한 생각을
확장하는 본문 글

　　　　　　일기글의 시작이 첫 만남 같다고 한다면, 일기의 본문은 달콤한 데이트라고 할 수 있다. 본격적으로 연애를 하며 데이트를 할 때 고급 레스토랑에서 멋진 식사를 할 수도, 어려운 이들을 위해 봉사 활동을 함께할 수도 있다. 일기의 본론도 마찬가지이다. 다양한 데이트 방법처럼 정해진 글감에 맞게 때로는 딱딱한 설명문을, 때로는 감성적인 감상문을, 혹은 편지글로 다양한 구성과 표현을 마음껏 시도해볼 수 있다. 글쓰기와 데이트라도 즐기는 것 마냥 즐겁게 본

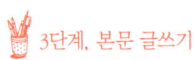

문 쓰기를 해 보았으면 좋겠다.

본문에 들어가는 내용은 특별히 정해져 있지 않다. 이미 글감 정하기에서 언급했듯 일기에는 어떤 내용도 들어갈 수 있다. 발가락에 난 종기까지 일기의 내용으로는 손색이 없다. 그저 미리 정해 놓은 주제문에 맞게 내용을 발전시키고, 각자의 생각과 느낌을 전개해 나가면 된다. 그러니까 한 문장으로 된 주제문을 몇 개의 문단으로 전개하고, 생각과 느낌을 덧붙이면 된다. 그런데 이때 글을 어떻게 발전시키는 것이 좋을까? 또 생각과 느낌은 어떻게 전개시켜야 할까?

각각의 문장과 문단이 유기적으로 서로 잘 연결되어야 좋은 글이라고 할 수 있다. 글을 유기체라고 한다면, 시작 글은 얼굴, 본문은 몸통이라고 할 수 있다. 그럼 본문을 이해하기 위해 몸통의 기능과 구조를 생각해 보자. 우리 몸에서 몸통은 어떤 기능을 하고, 어떤 구조로 이루어져 있을까? 몸통은 뇌의 지시를 실행할 수 있는 모든 장기가 분포하고 있는 인체의 중심이다. 몸통에는 피를 공급하는 심장, 음식물을 소화하여 에너지를 만드는 소화기관, 산소를 에너지 대사에 이용하고 이산화탄소로 배출하는 호흡기관 등 다양한 조직이 있다. 각 기관들은 각각의 역할이 있지만, 동시에 서로 영향을 주고받으며 유기적으로 조직되어 있다.

글의 몸통인 본문도 이런 조직화가 중요하다. 본문에는 글감 정할 때 정리해 놓은 주제문을 몇 개의 문단으로 담아내며 뒷받침하는데, 각 문단 또한 한 가지 소주제를 담고 있어야 한다. 즉 본문을 쓸 때, 몇 개의 소주제문을 정하고 그에 맞는 뒷받침 문장들을 써 주면 글이 안정감 있게 전개된다. 예를 들어 글감을 '엄마표 감자튀김'으로 정했다면, 각 문단의 소주제를 '엄마의 요리실력' 혹은 '사랑이 느껴지는 건강한 엄마요리', '감자튀김의 모양과 맛' 등으로 각 문단에 조직적으로 배치해서 전개하면 된다.

글감을 정할 때 엄마가 옆에서 질문을 통해 쓸거리를 찾아 주었듯, 본문을 쓸 때도 함께 찾아 주어야 하는 것이 소주제문이다. 명확한 소주제문이 있으면, 쓸거리가 명확해져서 문단을 완성시킬 수 있기 때문이다. 즉 주제문에 맞게 각 문단에는 어떤 내용을 쓸 것인지를 세분화하여 소주제문을 정하는 작업이 필요하다. 이렇게 소주제문이 확실하게 정해지면 아이는 알아서 그에 맞는 내용을 전개시킨다.

물론 아이가 맥락에 맞지 않은 뒷받침 문장을 적는 경우도 허다하다.

예를 들어, '엄마표 감자튀김' 글에 뜬금없이 '먹보 동생'이라며 감자튀김을 많이 먹은 동생을 욕하는 글을 쓸지도 모른다. 이럴 때는 아이가 하고 싶은 말이 그것이구나 하며 조급해하지 말고 지켜봐 주는 것이 좋다. 그냥 마음껏 쓰도록 내버려 두고 소주제문을 찾을 때 길을 잃지 않도록 꾸준히 옆에서 안내하자. 그러면 서서히 글의 내용이 바뀌는 것을 느끼게 될 것이다.

문단의 소주제문 이끌어내기

그럼 소주제문은 어떻게 정하고 또 그것을 어떻게 짚어 주면 좋을까? 내가 아이들을 가르칠 때 글감에 맞는 소주제문을 가르치거나 강요하는 일은 거의 없다. 그냥 아이에게 끊임없이 질문을 던지는 것이 전부이다. 그리고 아이의 입에서 소주제문이 될 만한 이야기가 나오면 그것을 강조하여 문장으로 정리해 주며 써 보라고 한다. 하지만 나의 경우는 글이 어떻게 구성되어야 하는지 알고 있기 때문에 다분히 의도를 담아 질문을 던진다. 이런 점에서 나와 일반 학부모는

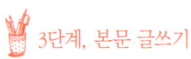
3단계. 본문 글쓰기

아이들에게 던지는 질문의 내용에 차이가 있을지도 모르겠다. 그런데 안타깝게도 이 질문의 성격과 내용도 상황에 따라 적절히 던지게 되는 것이기에 명확하게 정리하기가 어렵다.

한 가지 예를 들자면, 얼마 전 2학년에 올라가는 남자아이가 줄글 일기 쓰기 수업을 시작했다. 수업에서 우리는 강릉에 다녀온 기행문을 쓰기로 했다. 본문 글쓰기에 들어갈 때 강릉에서 무엇을 했는지 물어보았고, 아이는 중구난방으로 이런저런 이야기를 풀어놓았다. 기행문의 경우 보통 시간 순서 또는 사건 중심으로 글을 엮는다. 우선 아이가 풀어 놓은 이야기들을 몇 개의 덩어리로 엮어 보고, 크게 '먹거리'와 '사촌의 유치원 방문'으로 얼개를 지어 주었다.

첫 번째 문단은 먹거리에 관해서 적어 보는 것으로 하고, 무엇을 먹었는지, 무엇이 제일 맛있었는지, 서울에서 먹던 것과는 어떻게 달랐는지 등등 강릉의 먹거리에 관해서 질문 공세를 폈다. 아이는 간장게장을 인상적으로 기억하고 있었고, 바다가 한눈에 보이는 곳에서 먹어서 그런지 더 맛있었다고 대답했다. 그래서 '바다가 한눈에 보이는 곳에서 먹는 간장게장'을 소주제로 정해 주었다. 그리고는 아이가 얘기했던 입말을 글로 옮기도록 이끌어 주었다. 저학년의 경우 얘기할 때는 마구 쏟아내지만, 글로 옮길 때는 금세 잊어버리고 생각해 내지 못할 때가 있다. 그럴 때는 메모지를 앞에 두고 소주제를 적어 주는 것이 좋다.

두 번째 문단을 쓸 때 사촌의 유치원에서는 무엇을 했는지 물어보니, '방방이를 타고, 축구를 했다.'라고 대답했다. 하지만 나에게는 방방이가 생소한 낱말이었다. 그래서 "방방이가 뭐야?"라고 물었고, 이어서 "방방이 탈 때 기분은 어땠어?", "와, 재미있었겠다. 하늘을 나는 기분이었겠네!"라고 호응을 해 주는 한편 쓸거리를 찾아 주며 글로 옮기도록 했다. 그러면 아이는 그에 맞추어 문단을 전개한다.

엄마가 평소에 다양한 글을 읽어 글의 구조를 이해하고 있다면 글의 구조를 염두에 두고 질문을 던질 수 있어 좋다. 하지만 그것이 힘들다면 아이의 생각들을 잘 엮어 낼 수 있도록 신중하게 잘 들어 주는 것이 중요하다. 대부분 아이의 이야기 속에 답이 있기 때문이다. 일기는 엄마가 원하는 글이 아니라 아이의 진짜 속마음을 담은 글이어야 한다. 그러니 엄마는 그냥 아이가 속마음을 털어놓을 수 있도록 질문을 계속 던지는 것만으로도 충분하다.

소주제가 정해지면, 뒷받침 문장은 설명, 묘사, 혹은 나열과 감상

등 다양한 글쓰기 방식으로 쓸 수 있다. 하지만, 이런 형식을 아이에게 강요할 필요는 없다. 글의 형식이며 문단, 논리적인 글쓰기니 이런 것들 강요하게 되면 개성 있는 글쓰기에 침해를 가할 수 있다. 아이가 자유롭게 개성 있고 창의적인 글쓰기를 충분히 써 보아야 구조적인 글쓰기를 쓸 수 있게 된다. 유기적인 글쓰기가 가능하기까지 최소 2~3년의 시간은 필요하다. 3학년 때까지는 서투르더라도 자신의 생각을 마음껏 써 볼 수 있게 하고, 4학년부터 문단과 소주제문이란 것이 있다는 사실을 인지시키며 천천히 문단을 나누어 보도록 하면 된다.

일기 날짜: 2014년 1월 11일 토요일   날씨: 햇볕 때문에 몸이 따뜻했다.

제목: 강릉에서의 많은 일!!

강릉에 사촌집이 있어서 할아버지와 할머님과 같이 갔다. 강릉에 갈 때는 4시간이 걸리고 올 때는 3시간 11분이 걸렸다.

강릉에서 순두부, 간장게장이랑 고기를 먹었다. 강릉에는 에디슨과 축음기와 순두부가 유명하다. 바다도 보고 자전거를 경포대 공원에서 한 바퀴 돌았다. 사촌이랑 방방이도 타고, 사촌집에서 숨바꼭질도 했다. 방방이는 사촌 막내 이름 최현서의 유치원에 있었고, 애완동물도 있었다. 그리고 축구도 했다.

기분은 아주 신났다. 왜냐, 서울에서 못했던 일을 강릉에서 할 수 있었기 때문이다. 아쉽지만 일요일 밤에 가야한다.

윗글은 나와 수업을 시작한 지 2달 된 1학년 아이의 일기이다. 수업을 받은 지 얼마되지 않았고, 아직은 논리적으로 사고할 수 없는 나이이기 때문에 소주제에서 벗어난 글을 쓰기도 한다. 충분히 얼개를 지어 질문을 던져도 아직은 글을 구조적으로 파악하고 쓰기가 힘들다. 이럴 때는 질문을 통해 구조적으로 생각하게 하는 것만으로도 충분하다. 이 과정을 충분히 하고 나면 자연스럽게 문단을 구성하고, 논리적인 글을 쓸 수 있게 된다. 모든 것은 시간이 해결해 줄 것이다.

아랫글은 나와 2년간 수업을 한 4학년 아이의 일기이다. 앞의 일기를 쓴 아이의 형으로, 같은 날 수업을 받으며 쓴 글이다. 형제가 함께 강릉 여행을 다녀와 쓴 일기이므로 비교해서 읽어 보면 좋을 것 같다. 이 아이는 소주제문을 제시하고, 그에 알맞은 내용을 자연스럽게 전개시키며 자신의 의견과 생각을 적절히 녹여내고 있다. 2년 정도 수업을 받았기 때문에 글이 어떻게 구성되는지도 알고 있고, 4학년이라 논리적으로 생각하여 그럴싸하게 문단을 구성해 낸 것이다.

📅 날짜: 2014년 1월 11일 토요일

날씨: 햇볕에 눈이 부셨지만 차가운 바람이 불어 쌀쌀함

제목: 강릉여행기 1일차

이번 가족과의 여행은 재미있었다. 왜냐하면 이번여행에서 많은 것을 했기 때문이다.

우리 가족은 강릉에 오자마자 간장게장을 먹었다. 바다를 바라보며 간장게장을 먹으니까 바다를 다 가진 것 같았다. 후식으로 커피집에 갔고, 나는 아이스티를 마셨다. 강릉은 커피가 유명하니까 꼭 가봐야 하는 곳 중 하나다.

우리는 심심해서 결국 사촌동생의 유치원에 갔다. 그 유치원에는 방방이, 수영장, 사육시설 등이 있었다. 한마디로 말하자면 모든 것을 갖춘 최고의 유치원이었다. 초등학생인 내가 봐도 다시 유치원생이 되고 싶을 정도였다. 동생, 나, 사촌인 현서, 윤서랑 방방이를 탔다. 방방이는 그냥 큰 트램펄린이었다. 유치원에서는 축구공도 있어 가족대항전도 했다. 내가 자신 있는 축구를 해서 힘이 났다.

오랫만에 사촌들을 만나 신나게 놀아서 좋았다. 서울에 있으면 답답하고 심심해서 휴대폰만 만지는데 강릉에 가니 휴대폰이 싹 잊혀질 정도였다. 서울에 다시 갈 생각을 하니 숙제들이 나를 반겨 주는게 상상이 되어 강릉에 살고 싶어졌다.

각 문단의 소주제문 위치 정하기

문단 쓰기에 있어서 소주제문을 어디에 위치시키느냐는 크게 중요하지 않을 것 같지만, 의외로 그 위치에 따라 글의 성격은 180도 달라진다. 보통 소주제문을 앞쪽에 두는 두괄식과 뒤쪽에 두는 미괄식이 가장 일반적인 문단 쓰기이다. 그 외에도 양괄식, 중괄식, 아예 소주제문이 없는 무괄식도 있다. 양괄식은 소주제문을 문단 양쪽에 반복하여 독자에게 분명히 인식시키는 장점이 있다. 또 가벼운 서술로 출발하여 소주제문을 중간에 언급하고 마무리 문장을 쓰는

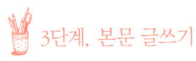

중괄식은 논리성의 부담에서 벗어나 가벼운 서술로 출발할 수 있는 장점이 있다. 또 소주제문이 지나치게 상식적이고 보편적일 때는 이를 강조하면 오히려 글이 미숙하게 느껴질 수 있다. 때문에 소주제문이 겉으로 드러나지 않는 무괄식 단락이 효과적이다.

일기를 쓸 때도 가장 많이 사용하는 문단 구성 방식은 핵심 내용을 앞쪽에 배치하는 두괄식과 마지막에 정리하는 미괄식이다. 소주제 문장을 먼저 써 놓고 뒷받침하는 문장들을 뒤에 배치하는 두괄식 문단은 단락의 초점이 분명해서, 설명문이나 논설문 같은 건조하고 논리적인 글쓰기에 효과적이다. 한편 뒷받침하는 문장들을 죽 써 놓고 마지막에 소주제문을 제시하는 미괄식 문단은 글의 흥미를 지속적으로 유지시켜 주어 편안한 내용의 일기나, 문학적인 글에 효과적이라고 할 수 있다.

예를 들어, '동생과 또 싸웠다'를 소주제로 본다면 '동생은 매일 나를 살짝 건드려 화나게 한다.', '오늘도 동생은 내 물건을 건드려 내 성질을 건드렸다.' 등으로 싸움의 과정을 설명해 주는 뒷받침 문장을 써서 문단을 완성할 수 있다. 이때 소주제문을 앞쪽에 배치하면 전달하고자 하는 바가 명확하게 보여 명쾌한 글이 된다. 반면 소주제문을 뒷쪽에 배치하면 끝까지 긴장하며 읽게 하는 흥미로운 글이 된다.

📅 두괄식 문단

　멍청이 구지우와 오늘 또 싸웠다. 지우는 매번 내 성질을 건드려서 싸움을 만든다. 오늘도 슬금슬금 내 책상으로 다가오더니, 내가 쓰고 있는 샤프펜이 자기꺼라며 떼쓰기 시작했다. 샤프펜은 분명 지난번에 만화책과 바꿔서 이제 내 것인데 말이다. 샤프를 달라고 떼쓰는 모습이 너무 짜증이 나서 저리 가라고 살짝 밀었는데, 지우는 넘어지는 척하며 마구마구 울어버렸다. 맨날맨날 이런식이다.

📅 미괄식 문단

　슬금슬금 구지우가 내 책상으로 다가왔다. 그리고는 지렁이처럼 내 책상에 달라붙어 내가 쓰고 있는 샤프펜이 자기꺼라고 우기기 시작했다. "샤프펜은 저번에 만화책이랑 바꿨잖아!" 나도 모르게 버럭 소리를 지르며 귀찮아서 살짝 밀었는데, 아주 그냥 집이 떠나갈 듯 울기 시작했다. 매번 이렇게 동생 지우는 내 성질을 건드려서 싸움을 만든다.

🖊️ 3단계. 본문 글쓰기

일기의 분량

일기의 분량은 특별히 정해져 있지 않다. 부모님은 물론 아이들까지도 많이 쓰는 것이 좋다고 생각하지만, 실제로는 양보다는 질이 중요하다. 억지로 꾸역꾸역 쓰는 일기보다는 할 말을 명확히 잘 정리한 글이 훨씬 좋은 글이라고 할 수 있다. 그래서 아이들이 일기 쓰기를 힘들어할 때는 짧게 쓰도록 허락하는 것이 좋다.

그래도 일기 지도를 하려면 일기의 분량에 기준이 필요할 것이다. 과연 어느 정도가 적당할까? 10줄, 13줄? 혹은 3문단? 4문단? 이미 앞에서 밝혔는데, 초등학교 6학년이 되면 200자 원고지 7매 이상의 글을 혼자서 쓸 수 있어야 한다. 이것이 일기를 통한 글쓰기 연습의 최종 목적이라고 할 수 있다. 이것을 기준으로 본다면, 1학년 그림일기는 200매 원고지 1매 정도가 적당하고, 2학년이 되면 2매 이상, 3~4학년이 되면 3~4매 이상은 쓸 수 있어야 한다. 그래야 5~6학년이 되어 7매 이상의 글을 쓸 수 있다. 하지만 3학년까지는 분량에 얽매이지 않고 글을 쓰도록 하되, 4학년부터 가끔 원고지에 글을 쓰도록 하며 서서히 글의 분량을 의식할 수 있도록 하는 것이 좋다.

　내가 아이들과 수업을 할 때는 시작 글 5줄, 본문 10줄, 마무리 글 5줄, 이렇게 20줄을 기준으로 정해 주는데, 이럴 경우 줄 노트의 3분의 2 이상을 쓰게 된다. 보통 1학년 그림일기는 3문장 이상의 글을 쓰면 좋고, 2학년이 되면 시작, 본문, 마무리글 이렇게 3문단으로 나누어 글을 쓰도록 하는 것이 좋다. 한 문단은 5줄을 기준으로 하거나, 5문장 이상의 글을 쓰도록 지도하면 된다. 3학년부터는 본문을 2문단 이상 쓰도록 지도하고, 5학년부터 본문을 3문단 혹은 4문단으로 늘려 가면 된다.

3단계, 본문 글쓰기

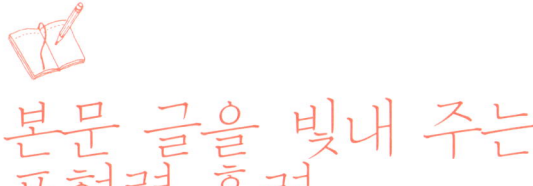

본문 글을 빛내 주는 표현력 훈련

본문 글쓰기를 하면서 글쓰기 실력을 키우기 위한 실질적인 연습을 할 수 있다. 무엇보다 본문을 쓰면서 글의 형식에 따라 이야기를 꾸며 내기도 하고, 사건이나 상황을 설명하기도 하고, 사물을 묘사하기도 하는 등 다양한 글을 연습해 볼 수 있다. 특히 나는 아이들에게 설명하는 글과 묘사하는 글을 자주 연습시킨다. 비교적 명확한 글쓰기 형식이면서도 각자의 생각과 감성을 잘 담아낼 수 있기 때문이다.

● 배려심을 길러 주는 설명하는 글쓰기

　설명하는 글은 글을 쓰는 사람이 알고 있는 사실을 상대가 알 수 있도록 하나하나 짚어 주는 소통 방식이다. 보통 일기를 쓰면 본인의 입장만 생각해서 써야 한다. 반면 설명하는 글은 독자의 입장을 고려하여 써야 한다. 때문에 글을 읽는 상대, 즉 독자를 인식하고 충분히 설명이 될 수 있도록 친절히 글을 쓰게 된다. 그러다 보니 상대를 배려하는 배려심과 이해심을 기를 수 있다. 자신의 설명이 부족하진 않은지, 상대가 잘 이해할 수 있는지 스스로 돌아보며 글을 써 나가기 때문에 무의식적으로 자신이 쓴 글을 돌아보고 살펴보는 습관도 들일 수 있다. 또한 설명할 대상의 특징을 잘 파악하고 있어야 하므로 관찰력을 키워 줄 수도 있다.

　하지만 이것은 스스로 무언가를 설명하고 있다는 점을 인식하고 글을 쓸 때 길러질 수 있다. 그래서 엄마가 미리 '설명하기'에 관해 이야기해 주고 의도적으로 무언가를 설명하려고 노력하는 연습을 할 수 있게 도와주어야 한다. 별도로 연습을 하고 싶다면 한두 달에 한 번 정도 쓸 것이 없을 때, 대상을 정해 주고 설명하는 글을 써 보게 하면 된다. 요즘에 새로 사귄 친구, 좋아하는 장난감, 즐겨하는 게임 방식을 친절하게 설명하도록 해 보자.

설명하는 글은 그 대상에 따라 쓰기 방식이 달라진다. 사건을 시간 순서로 나열하거나, 공간 배치의 순서로 설명하는 방법이 일기에서 가장 많이 쓰인다. 특히 하루에 있었던 일을 시간 순서로 나열하는 글은 일기에 한 번 이상 담길 만한 내용이다. 주제에 맞는 사건 하나를 고른 뒤 사건이 일어나기 전후의 상황을 설명하거나, 사건이 어떻게 발생했는지, 혹은 무엇이 어떻게 배치되어 있었는지 배열해 보는 것이다.

이 외에도 사물의 속성을 밝혀 주거나, 객관적인 정보를 배열하여 설명하는 방식도 자주 쓰인다. 인물에 관해 설명할 때는 자기와의 관계, 외모, 성격, 그와 함께 있었던 에피소드 등을 쓸 수도 있다. 이때 글로 충분히 설명이 되고 있는지 반복적으로 읽어 보게 하여 스스로 판단할 수 있게 도와주는 것이 좋다. 설명이 부족한 부분을 스스로 보강하며 글을 쓰게 하면 배려심과 이해심이 커지는 글쓰기가 될 것이다.

뒤에 언급할 두 글은 각각 'PE 시간'와 '일본 인절미'에 대해 설명한 일기이다. 두 글 모두 내가 옆에서 지도하며 쓴 일기이다. 일본 인절미와 PE 게임 모두 나는 잘 모르는 것들이었다. 그래서 아이에게 먼저 말로 설명을 해보게 했다. 아이는 한참 동안 내게 설명해 주었고, 나는 충분히 이해가 될 때까지 질문을 던졌다. 맛은 어땠는지, 색은 어땠는지, 혹은 이기려면 어떻게 해야 하는지, 술래는 어떻게 정하는지 등등의 질문을 계속 던진 다음 아이 스스로 생각을 정리해서 글을 쓰도록 한 것이다. 이때 아이의 성향에 따라서 적절히 질문을 던져서 글을 쓰게 하는 것이 중요하다.

 날짜: 2011년 10월 24일   날씨: 맑다가 갑자기 비가 오다

제목: PE

오늘 학교에서 친구들과 즐겁게 P.E를 했다.

처음에는 샤크 아일랜드(Shark Island)를 했다. 규칙은 어떤 원 안에 사람들이 있고, 또 원밖에 사람 4명이 있다. 이 4명이 각 꼭지점에 있는 링에 있는 공을 지키는 것이다. 목표는 원안에 있는 사람이 공을 가져오고, 나머지 4명이 공을 지켜 사람들이 공을 못 가져가게 한다.

다음에는 Octopus(정확한 이름은 생각이 안난다.)를 했다. 그 규칙은 또 사람 4명이 사람들을 잡는다. 사람이 잡히면 Seeweed(시위드)로 변해서 앉아서 사람들을 함께 잡는다. 다른 사람들의 목표는 처음부터 맨 끝까지 살아남는 것이다. 이 게임을 할 때는 내가 술래를 했다. 하지만 술래가 안 되는 것이 더 재미있을 것 같다.

하지만 오늘 운동장에서 가짜 풀에 걸려 넘어져 버렸다. 눈물이 날 정도로 아팠지

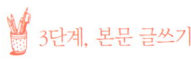

만, 당연히 울지는 않았다. 오늘은 정말 재밌는 하루였다. 하지만 가짜 풀에 걸려 넘어진 것은 재미있지 않은 일이다.

설명하는 글을 쓸 때 사고형 아이와 감정형 아이는 확연한 차이를 보인다. 윗글에서 보이는 것처럼 사고형 아이는 설명문을 비교적 편안해한다. 상황을 설명하는 것이라면 일기장 공간이 부족해 다 쓰지 못할 정도이다. 하지만 이들은 자신의 감상을 담아내는 데 서투르다. 이런 아이에게는 감상이나 느낌을 묻는 질문을 많이 해 주는 것이 도움이 된다. 어떻게 재미있었는지, 또 느낌이나 기분은 어땠는지 등등 사안에 따라 질문을 해 주면 된다.

이 아이 역시 느낌을 끌어내기 위해 내가 기분이 어땠냐는 질문을 하자 가짜 풀에 걸려 넘어진 순간이 떠오른 모양이다. 그래서 이렇게 맥락에 관련이 없는 이야기로 끝을 맺게 된 것이다. 하지만 이런 글을 꾸준히 반복해서 쓰게 되면, 설명문 안에 자신의 인상이나 감상까지 녹여낼 수 있을 것이다.

날짜: 2013년 4월 14일 일요일   날씨: 따뜻하다. 비오다. 바람이 쌩쌩

제목: 할머니 집에서 먹은 가래떡

오늘 성묘를 갔다 와서 할머니를 보러 할머니 댁에 갔다. 그리고 거기에서 가래떡을 먹었다. 오늘 먹은 가래떡은 세상에 내가 태어나서 처음 먹어본 맛이었다.

엄마가 이 떡은 일본 인절미라고 말해주셨다. 이 떡을 먹는 방법은 한 번도 보지 못한 새로운 방법이었다. 이 떡만을 위한 꿀통과 콩가루가 담긴 그릇이 따로 있었다. 콩가루에 꿀을 넣고 가래떡을 넣어 비벼서 먹는 것이다. 참 신기하고 맛있었다.

부드럽고 쫄깃한 떡과 달콤한 꿀, 고소한 콩가루가 조화를 이룬 맛이었다. 엄마, 아빠도 할머니도 이 떡을 참 좋아하셨다. 맛도 좋았지만 일본의 특이한 방법이 신기했다.

반면 감정형 아이는 설명글을 쓸 때도 개인적 인상만을 쓰려는 경향이 있다. 이런 아이에게는 사고형과 반대로 사실에 대해 자세히 설명할 수 있도록 질문을 하여 글을 쓰게 해야 한다. "어떻게 먹는 거야?", "용기는 어떻게 생겼어?", "콩가루랑 꿀은 무슨 색이었어?", "떡은 몇 개가 있었어?" 이렇게 당시 상황에 대해 반복해서 물으면 정보를 입수하고 이것을 설명하는 데 익숙해진다. 객관적으로 사물과 상황을 보고, 설명하게끔 하는 것이 감정형 아이가 설명문을 잘 쓰게 하는 요령이다.

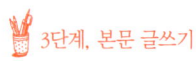 3단계. 본문 글쓰기

● 감각과 통찰력을 키워 주는 묘사하는 글쓰기

묘사는 한자로 '그릴 묘(描)'와 '베낄 사(寫)'를 쓴다. 다시 말하면 '그리고 베끼는 글쓰기'이다. 어떤 대상, 사물, 사건, 상황, 심리 등을 그림으로 그리거나 글로 베끼는 방식이다. 그림일기에서 그림으로 그리던 내용을 줄글 일기장에서는 글로 그려 내는 것이다. 그런데 보통 그림으로 그리는 것이 효과적인 묘사 방식이라고 생각하지만 실제로는 그렇지 않다. 그림은 시각적인 표현에 머물러 있다면, 글은 오감, 즉 시각, 청각, 후각, 미각, 촉각까지도 표현이 가능해서 훨씬 풍부하게 그려 낼 수 있다. 글로 묘사를 하면 오감을 더 민감하게 단련시키고, 풍부하게 표현할 수 있다.

그리고 무엇보다 묘사 표현은 '보는 눈' 즉 통찰력을 키워 주는 효과가 있다. 실제로 묘사를 위해 대상에 집중하면 평소에는 보지 못하고 지나갔을 법한 다양한 측면을 보고 느낄 수 있게 된다. 사물의 색감과 촉감, 온도, 향기 등 다양한 기억을 떠올리고, 이것을 가능한 세밀하게 글로 그림을 그리듯 써 보는 것이다. 묘사하는 글을 쓸 때 가능하면 대상을 앞에 두고 냄새도 맡아 보고, 손과 볼로 촉감도 느껴 보게 하여 최대한 직접 체험하며 글을 쓰게 하는 것이 좋다.

또 묘사를 할 때는 큰 것부터 작은 것으로 써 내는 방식이 효과적이다. 그러니까 처음에는 아이에게 제일 먼저 보이는 것부터 써 보라고 하는 것이 좋다. 전체적인 모양에서 색깔, 촉감, 사물에 대한 본인의 감정까지 차츰 밀도 있게 쓰게 하면 된다. 그리고 직유 혹은 비교나 대조 등의 수사법을 활용하여 묘사하는 문장을 만들면서 문장력도 키울 수 있다. 대상이 무엇처럼 생겼고, 어떤 면이 같거나 다른지를 생각해 보면서 사고의 폭과 깊이도 넓히고 문장력도 기를 수 있다. 이때도 대상이 무엇처럼 생겼는지, 다른 것과 비교해서 비슷한 것이 무엇이냐는 질문을 던져 생각하게 이끌어 주는 것이 도움이 된다.

　예를 들면 책상 위에 덩그러니 있는 연필깎이 하나도 충분한 연습 대상이 된다. 물론 아이가 관심을 갖고 있는 대상이 좋겠지만, 눈앞에 보이는 어떤 대상도 묘사하는 글을 쓰기에 문제가 없다. 연필깎이를 묘사한다면, 전체적인 모양은 어떻고, 연필을 깎을 때 나는 소리는 어떻고, 깎여 나간 연필 조각과 흑연의 촉감은 어떤지, 또는 어떤 재료로 만들어졌는지, 색깔과 온도는 어떤지, 비슷한 물건은 무엇이 있는지 다각적으로 체험하게 한 다음 글을 쓰게 해야 한다. 특히 다양한 시각으로 보고 느낄 수 있게 하는 것이 중요하다. 또 이렇게 체험한 것을 말로 먼저 표현해 보고, 그 입말을 있는 그대로 글말로 옮겨서 쓰도록 하면 된다.

묘사하는 글 또한 설명하는 글처럼 한두 달에 한 번씩 특별히 연습시키는 것이 좋다. 수업을 하다 보면, 아이들은 묘사하는 시간을 의외로 좋아한다. 묘사하기에 익숙해지면 그림 그리듯, 자신이 느끼는 바를 하나씩 하나씩 써 나가는 것에 재미를 느끼는 모습을 보인다.

그런데 신기한 점은, 그림 그리기를 좋아하는 아이들이 의외로 묘사를 어려워한다는 것이다. 그림으로 쉽게 그려 내던 아이들이 글로 써 내려니 답답함을 느끼는 모양이다. 특히 그림일기의 습관이 남아 있는 저학년이나, 평소에 그림을 많이 그리는 아이들에게 이런 경향이 뚜렷하다. 이럴 경우, 일기장 한쪽에 그림으로 그려 놓고 그것을 보면서 묘사하는 글을 써 보도록 하면 된다. 차츰 글의 양을 늘리며 연습을 시키면 된다.

📅 날짜: 2014년 1월 12일   날씨: 아이스크림처럼 연한 연보라색 하늘

제목: 슈슈를 소개합니다.

내가 소개하는 강아지의 이름은 슈슈입니다. 슈슈는 저에게 없으면 안될 존재입니다.

왜냐하면 오빠가 괴롭힐 때 슈슈가 저를 위로해줍니다. 저는 그런 슈슈가 정말 좋습니다.

슈슈는 수컷입니다. 슈슈는 푸들이고 코가 강아지치고는 굉장히 뾰족뾰족합니다. 그리고 털 색깔은 하양빛 회색, 느낌이 납니다. 왜냐하면 슈슈의 엄마의 털 색깔이 회색이기 때문입니다. 그의 눈 색은 아주 다크한 회색입니다. 그리고 눈 주위는 아이쉐도우를 한 것처럼 갈색빛입니다. 그는 곱슬곱슬한 털을 가지고 있지만 귀의 털은 뻣뻣합니다. 슈슈의 털은 양의 털을 만진 것처럼 푹신푹신 합니다.

나는 슈슈가 짖지 않고 얌전하게 컸으면 좋겠다. 그리고 풀잎을 뜯어 먹는 사고는 치지 않았으면 좋겠습니다. 그리고 또 한 가지, 옷을 뜯지 말았으면 좋겠습니다.

 날짜: 2012년 5월 10일   날씨: 하늘이 뿌옇지만, 날씨는 맑았다.

제목: 올챙이

오늘 과학시간에 키운 올챙이를 분양 받았다.

모두 5마리의 올챙이를 분양 받았다. 조그만 플라스틱 통에 받았는데, 숨구멍을 연필로 뚫어주었다. 5마리 중에 1마리는 앞다리까지 나고, 나머지 4마리는 뒷다리만 나와 있다. 제일 큰 1마리는 뒷다리 발가락이 4개 이고, 볼이 빨간색이다. 제일 작은

2마리는 색깔이 진하고, 뒷다리가 짧다. 다른 2마리는 눈이 크고 까맣고 앞부분부터 연해지는 지 머리는 연하고 몸통은 아직 진하다.

   앞으로 어항을 하나 사줘서 어항을 꾸미고 먹이를 많이 줄 것이다. 나중에 개구리까지는 꼭 키울 것이다. 나중에 개구리가 되면 계곡에 풀어주고 싶다.

본문 글을 잘 쓰려면 ①
단어 채집 놀이로 어휘력 키우기

　　　　　글재주는 어휘력이 절반이다. 당연히 많은 어휘를 알고 있는 아이들이 표현력도 좋다. 같은 나이라도 유난히 다양한 단어를 구사하는 아이가 있는가 하면, 단어 하나에 막혀서 끙끙거리는 아이도 있다. 당연히 어휘력이 좋은 아이들은 막힘없이 자신의 생각을 글로 옮길 수 있는 장점이 있다. 또 글맛이 좋은 작가들의 글을 읽어 보면, 독자의 오감을 자극하는 감각적인 단어를 사용하고 있다는 것을 느낄 수 있다. 단어가 모여 문장이 되고, 문장은 다시 문단과 글이

된다. 다시 말하면 글을 이루는 최소 단위인 단어들이 글을 결정하는 중요한 요소인 만큼 어휘력이 중요하다.

토속적인 단어들을 사용하는 작가 박경리의 책은 그녀만 사용할 수 있는 단어들이 가득 담긴 항아리 같다. 그 항아리 뚜껑을 열면 작가 박경리가 어린 시절 부모님 혹은 할머니, 할아버지와 어떤 대화를 했을지 상상이 간다. 그 상상은 주로 단어에서 시작된다. 사람들이 쓰는 가장 기본적인 어휘는 이렇게 부모님 혹은 가족들과의 대화를 통해 물려받는다.

아이들은 4살까지 뇌에 언어의 방이 만들어진다. 이 방의 크기는 4살까지 어떤 말을 많이 듣고 자라는지에 영향을 받는다. 말문이 트여 표현하기까지는 부모가 알아챌 수는 없지만 주변에서 듣고 말하는 것이 영향을 미치는 것이다. 말이 서툴어도 책을 많이 읽어 주고 좋은 문장을 많이 들려주어야 아이의 뇌에 넓은 언어의 방을 만들 수 있다.

4살부터는 본격적으로 말이 트이는데, 언어의 방에서 어휘를 하나씩 꺼내서 사용해 보고 자신에게 맞는 어휘 감각을 공고히 한다. 이때에도 언어의 방에 채워지는 기본적인 어휘들은 가장 친밀하게 의사소통을 하는 상대인 부모에게 영향을 받는다. 요즘은 4살부터 어린이집에 다니는 경우가 많으니 또래집단이나 선생님과 나누는 대화도 중요하다. 이 시기에는 신경을 써서 좋은 글과 좋은 말을 많이 들려주고, 활발히 대화를 시도해서 직접 말로 사용하게끔 하는 것이 중요하다. 특히 입에 잘 붙는 둥글둥글한 단어인 의성어와 의태어들을 평소에 많이 사용하면 감성에 도움이 된다. 평소에 좋은 언어 습관을 들이는 것이 무엇보다 중요하다.

이 글을 읽은 대부분의 부모님들은 살짝 긴장했을지도 모르겠다. '나의 언어 습관이 아이의 글쓰기에도 이렇게 영향을 준단 말이야?' 혹은 '내가 책을 좀 더 많이 읽어 줬어야 했는데…….' 놀랍기도 하고 후회도 될 것이다. 하지만 아직 늦지 않았다. 초등학교 6년 동안 여전히 아이들의 언어를 확장할 수 있는 기회가 많으니 걱정하지 말자. 초등학교에 들어가서 글을 배우는 시기부터는 말을 글로 옮기는, 즉 글말을 익히는 단계로 진입한다. 그래서 초등학교 내내 일기를 쓰면서 말을 글로 옮기는 글말을 연습하는 것이다. 지금부터 부족했던 어휘력은 독서와 글쓰기로 채울 수 있다.

독서가 중요하다는 것은 달리 설명이 필요 없을 만큼 부정하는 사람이 없을 것이다. 그런데 독서는 왜 중요할까?

3단계. 본문 글쓰기

말이 정리되지 않고 전달되는 언어라면, 글은 정리된 언어이다. 이렇게 정리된 언어인 글말이 모여 있는 것이 바로 책이다. 글말을 익히는 것은 입말을 처음 배우는 것과 똑같다. 말문이 트이기 전까지는 아이가 책 속 단어를 전혀 말하지 않지만, 말문이 트여 단어들을 쏟아내듯 글도 축적되는 시간이 필요하다. 책으로 읽은 글들이 무의식에 축적되어 숙성되는 시간이 필요하다.

요즘은 학습 만화가 많은데, 학습 만화도 교육적이라고 할 수는 있지만 글말을 사용하지 않는다는 점에서 독서와 차이가 있다. 학습 만화는 글말이 아닌, 익숙한 대화체를 사용해서 아이들이 쉽게 접근하도록 하고 있다. 때문에 글말을 익히기 위해서는 글로 되어 있는 책을 만화와 같은 비율로 읽혀 주어야 한다. 글말에 익숙하지 않은 저학년에겐 혼자 책읽기는 어려운 일일 수 있다. 책이 익숙해질 때까지는 엄마가 옆에서 한 페이지씩 나누어 읽으며 도와주는 것이 중요하다.

이렇게 책을 읽으며 자연스럽게 어휘를 학습하는 방법도 있지만 별도의 시간을 내어 어휘를 학습하는 방법도 있다. 요즘은 초등학교 교과에 나오는 단어들만 정리해서 따로 어휘를 공부할 수 있는 학습서도 있으니, 방학 때 모아서 단어 공부를 해보는 것도 좋겠다. 보통의 아이들은 단어의 속뜻을 정확히 이해하고 사용하지 못한다. 정확한 뜻을 모른 채 사용하던 단어들의 의미를 파악하고 정확하게 사용할 수 있도록 단어 공부를 해야 하는 시기는 3~4학년 때이다. 방학 때 단어 학습서 몇 권만 공부해도 한국어 단어에 담긴 속뜻과 활용을 이해할 수 있고 사용하는 어휘도 확장된다.

뿐만 아니라 즐겁게 놀이를 하며 어휘력을 키울 수 있는 방법도 있다. 나는 이것을 '단어 채집 놀이'라고 하는데, 어렵지 않게 일상에서 아이와 놀이처럼 단어를 공부할 수 있는 게임이다. 끝말잇기보다 쉽지만, 더 많은 단어를 풍부하게 찾아낼 수 있는 게임이라 추천하고 싶다. 단어 채집을 위해 먼저 주제를 하나 정해 주어야 한다. 주제는 무엇이라도 좋다. 계절, 학교, 사람 등 아무거나 괜찮다. 주제가 정해지면 그와 관련한 단어를 순서대로 말하는 것이다. 누가 더 많은 단어를 말하는가에 따라 승패가 결정된다. 이기고 지는 것보다는 아이가 다양한 단어를 말하도록 하는 것에 역점을 두고 게임을 진행하면 된다.

예를 들어 '색깔'을 주제로 정했다면 색깔과 관련 있는 단어를 순서대로 찾아내는 것이다. 처음에는 빨강, 파랑, 노랑 같은 기본 단어가 나오지만, 게임이 진행되면서 '노르스름한', '불그스레', '단풍빨강' 같은 말맛이 좋은 단어들을 꺼내 놓는다. 만약 '학교'를 주제로 정했다면 학생, 선생님 같은 사람과 관련한 단어가 있을 수 있고, 책상, 시험지, 탁자와 같이 사물과 관련한 단어가 있을 것이다. 또 공부, 시험, 국어 등 개념을 의미하는 단어까지 수없이 많은 단어를 언어의 방에서 꺼내 놓을 수 있다. 평소에 잘 쓰지 않는 단어들로, 언어의 방에 갇혀 있던 단어들을 꺼내 놓으면서 사용하는 단어를 확장할 수 있는 게임이다.

 이 게임을 자주 하다 보면, 승패가 결정되지 않는 경우도 있다. 한 주제에 단어가 너무 많아서 끝을 내지 못하는 때가 있다. 이럴 때는 끝을 내지 않고 게임을 이어가는 것도 방법이다. 예를 들어 색깔이라는 주제로, 오늘 게임의 승부가 결정되지 않았다면, 내일 쉬는 시간에 다시 게임을 이어가는 것이다. 경우에 따라서는 같은 주제로 한 달 동안 게임을 이어가는 경우도 있을 것이다. 어차피 이 게임은 승패보다 많은 단어를 떠올리는 것에 목적이 있기 때문에, 일상에서 끊임없이 단어를 생각하게 해서 어휘력을 확장하는 것이 중요하다.

본문 글을 잘 쓰려면 ②
수사학을 통해
날카로운 시선 키우기

　　　　　　　　일기의 본문을 쓰면서 다양한 문장을 써 보게 된다. 이때 수사학을 활용하면 훨씬 풍부한 문장을 만들어 볼 수 있다. 그렇다고 아이에게 수사를 하나하나 설명해 줄 필요는 없다. 초등학생이 이해하기에는 복잡하기도 하고, 꾸준히 글을 써 가면서 터득하고 이해하는 편이 효율적으로 기억할 수 있기 때문이다.

　　　　나는 대학에서 수사학을 따로 공부하기도 했고, 평소에 책을 읽으며 꾸준히 익히고 있기 때문에 학생들이 문장을 쓸 때도 수사를 활용할 수 있도록 유도할 수 있다. 부모님들도 마찬가지이다. 아이를 가르치기 위해서는 평소에 수사학에 관심을 갖고 공부하는 것이 가장 중요하다. 본인이 제대로 이해하고 있어야 안내자로서의 역할을 충실히 수행할 수 있다. 하지만 지레 겁먹을 필요는 없다. 학생 때는 제법 복잡해 보였던 수사법들이 나이가 들어서 보면 제법 익숙해져 있는 것을 느낄 수 있을 테니까.

수사법이란 글에 담고자 하는 의미를 효과적으로 전달하기 위해 사용되는 문장 표현 기교이다. 다시 말하면 자신의 생각을 세련되게 전달하도록 문장을 쓰는 기술이라고 할 수 있다. 자신의 생각을 문장으로 표현할 때, 그 생각을 더 잘 전달하기 위해 다른 것을 끌어들이거나(비유법), 더 강조해서 표현하거나(강조법), 혹은 단조롭지 않게 변화(변화법)를 주어 표현하는 기교이다.

그런데 글을 잘 쓰기 위해서 필요한 덕목은 수사학에 관한 이론적 이해가 아닌 상상력과 관찰력이다. 실제로 감탄을 자아내는 수사 표현들은 글을 잘 쓰는 아이가 아닌, 평소 상상력과 관찰력이 뛰어난 아이들이 써 내는 경우가 더 많았다. 좋은 수사는 두 단어를 비교하거나 동일시하면서 생각지 못한 의미와 효과를 불러내어 감탄을 자아내는 경우인데, 이것은 사물을 보는 남다른 방식에 의해 탄생된다.

수사학은 이런 효과를 일으키는 문장들을 연구하여 기술적으로 방법론을 정리해 둔 것이라고 생각하면 된다. 아이들에게 이 기술적인 방법론을 익히게 하기보다는 사물을 꿰뚫어 보는 눈을 길러 주는 것이 더 중요하다. 사물의 심층을 보고 읽어 내는 아이가 문장에도 그 심층을 담아낼 수 있기 때문이다. 소설가 김영하도 '훌륭한 작가들은 문장력도 좋지만, 눈이 좋다. 그들은 사물을 일반인과 다르게 바라보는데, 사물을 다양한 측면에서 바라보고 심층을 꿰뚫어 본다'라고 이야기한 바 있다.

보는 눈을 길러 주기 위해서는 평소 사물을 보는 습관이 중요하다. 그냥 보고 지나치는 사물을 한 번 더 보게 하고 새롭게 다가오는 의미가 있는지 자주 물어보는 것이 도움이 된다. 예를 들어, 함께 달을 관찰하고 있다면, 달의 모양이 어떤지, 달의 어느 쪽이 더 밝고 어두운지, 달과 구름 사이의 모습에서 무엇이 느껴지는지, 그 모습이 아이의 마음에는 어떻게 다가오는지, 또 비교할 수 있는 다른 사물은 무엇인지, 그것이 예쁜지 혹은 무서운지 물어보며 끊임없이 감성을 자극해 주어야 한다. 사물을 한 번만 보고 마는 게 아니라, 한 번 더 보고, 또다시 보고, 다시 한 번 더 보게 하면서 새롭게 발생하는 의미들을 찾아볼 수 있도록 이끌어 주어야 한다.

실제로 아무런 주의를 끌지 못하던 사물조차도 집중해서 꿰뚫어 보면 안 보이던 것이 보인다. 대수롭지 않게 넘겨버리는 사물을 여러 측면에서 바라보고 그것을 문장에 담아내는 연습이 바로 수사학의 시작이다. 흔한 풀 한 포기를 보더라도, 풀뿌리가 흙에 어떻게 묻혀 있는지, 줄기와 가지는 어떻게 뻗어 있는지, 이파리는 어떤 방향으로 뻗어 있는지, 시든 잎은 어떤 모양인지, 여러 번 되새기며 새로운 것이 있는지 살펴보아야 한다. 뿐만 아니라 특별히 아이의 마음을 두드리는 장면을 찾아 주는 것도 중요하다.

다음으로 이렇게 발생한 의미들을 문장에 담아내야 하는데, 아이들이 하는 말을 그대로 글로 옮기도록 하는 것이 가장 좋다. 여러 번 언급했듯 진실한 글은 아이가 생각하는 그 자체를 옮겨 낸 것이다. 서투르더라도 아이의 진심과 마음이 담긴 말을 그대로 써 보게 하는 것이

가장 좋다. 수사는 머리로 이해할 수 있는 것이 아니다. 그래서 가르치기가 힘든 것이다. 마음으로 느끼고 공감하게 하는 것, 그리고 그 마음을 있는 그대로 표현해 보는 것이 유일한 방법이다. 특히 아이가 진심으로 공감하는 한 문장을 만나는 것이 중요하다. 자신의 마음 상태를 정확히 담아낸 문장을 만나 "지금 내 마음이 이런데……. 글이 이런 마음을 담아내는구나!"라고 느끼는 순간 글을 좋아하게 될 것이다.

하지만 그런 문장을 만나게 하기까지 부모님의 지난한 노력이 필요하다. 시나 문학 등 다양한 장르의 문학을 꾸준히 읽게 해 주고, 아이의 성향을 파악해서 아이가 즐겁게 읽을 수 있는 글을 찾아 주어야 한다. 이런 지난한 노력 끝에 아이의 마음을 건드리는 한두 문장만 만나게 된다면 그 자체로 행운인 것이다. 그러니 조급하게 생각하지 말고 길게 보고 조금씩 꾸준히 노력하자.

● **수사학의 꽃, 은유**

　수사학을 일일이 설명하기보다는 수사의 꽃이라고 하는 '은유'를 강조해서 설명해 두고 싶다. 은유만 제대로 이해하고, 멋진 은유 표현을 척척 써 낼 수만 있다면 수사학은 마스터했다고 해도 과언은 아니라고 배웠다. 은유를 시적 표현이라고도 하는데, 개인적으로 인간이 할 수 있는 가장 차원 높은 소통 방식이 아닌가 생각한다. 짧은 한 문장에 화자의 마음 상태를 담아, 마음에서 마음으로 의미가 전해지는 것이 바로 은유적 표현이다.

은유를 이해하고 싶다면, 영화 〈일포스티노〉를 보라고 추천하고 싶다. 시인 네루다와 우편배달부 마리오의 특별한 우정을 그리고 있는 이 영화는 시와 은유에 관한 영화라고 할 수 있다. 시인 네루다가 주인공으로 등장해 마리오에게 시와 은유에 대한 이야기를 들려주는데, 네루다에게 시에 대한 특별한 강연을 듣는다고 생각하면 더없이 값진 시간이 될 것이다. 그리고 무엇보다 영화 그 자체가 시적이다. 네루다가 망명 생활을 했던 이탈리아 작은 섬의 아름다움, 그 아름다움을 친구들에게 전해 주기 위해 녹음기를 들고 파도 소리며, 바람 소리를 녹음하는 장면 등 영화 자체가 은유이다.

〈시〉

　　　　　　　　　파블로 네루다

그래 그 나이였었지. 시가 날 찾아왔다.
그것이 어디서 왔는지 나로선 알 수가 없다.
그것이 어디서 왔는지, 겨울? 강가?
어떻게 또 언제 날 찾아왔는지 모르겠다.
그것은 목소리도, 글도, 침묵조차 아니었다.
그러나 내가 헤매던 길모퉁이,
밤의 한 자락에서
문득, 낯선 이에게서
거칠게 타오르는 불길 속에서
혹은, 다시 찾아온 정처 없는 외로움에서
그렇게, 시가 내 마음으로 찾아왔다.

영화 맨 마지막 장면에 자막으로 나오는 네루다의 시이다. 영화를 보고 이 시를 읽으면, '시가 날 찾아왔다'라는 구절이 무엇을 의미하는지 굳이 설명하지 않아도 가슴으로 느낄 수 있을 것이다. 영화에 등장

하는 우편배달부 마리오가 사랑을 하면서, 자신도 모르게 아름다운 은유 표현을 쏟아내게 된다. 그의 표현을 들은 네루다는 그것이 바로 은유라며 흥분한다. 위 시의 '시가 날 찾아왔다'라는 표현처럼 은유의 문장은 문득 찾아온다. 어느 날 문득 길모퉁이에서, 밤의 한 자락에서, 불길 속에서, 정처 없는 외로움에서 그렇게 마음으로 찾아온다. 삶의 한 순간, 예기치 못한 시간에 마음을 두드리는 순간이 있고, 그 일렁임을 표현하고 싶은 욕망에 휩싸이는 그런 순간이 있다. 그것을 네루다는 '시가 날 찾아왔다'라는 문장으로 표현하고 있는 것이다.

은유는 논리적으로는 관련이 없는 단어를 엮어 새로운 의미를 발생시킨다. 이질적인 두 단어 사이에서 새로운 의미를 발견하고 마음으로 느끼며 소통하는 수사법이 바로 은유이다. 누구나 떠올릴 수 있는 일반적인 예가 바로 '내 마음은 호수다'라는 문장이다. '마음'과 '호수'는 논리적인 연관성이 없는 별개의 단어이지만, 잔잔한 호수를 그리며 마음의 상태를 상상할 수 있게 만드는 표현법이다.

훌륭한 은유 표현이 되기 위해서는 무엇보다 문장에 담아내는 마음의 상태가 중요한데, 앞서 언급한 어느 날 문득 찾아온 예기치 못한 순간을 담아내야 한다. 그런 의미에서 훌륭한 은유 표현을 이해하고 활용하기 위해서는 그 찰나의 순간을 각성시키고, 민감하게 기억하게 하는 훈련이 필요하다. 그런데 안타깝게도 이것은 머리로 생각할 수 있는 차원의 것이 아니라서 설명하기가 어렵다.

복잡한 설명보다는 아이와 함께 영화 〈일포스티노〉를 꼭 보길 권한다. 저학년 아이들은 이해하기 힘들고 지루해하니까, 최소한 5학년 이상의 아이라면 함께 보기에 무리가 없을 것이다. 국내에서 전체 관람가이긴 하지만, 멜로에 해당하는 장면이 나오니까 함께 보며 지도해 주기 바란다. 아이에 따라서는 지루해할 수도 있지만, 집중해서 보지 않아도 상관은 없다. 학년이 올라 또 다시 시도해 보면 되니까 말이다. 그리고 아이가 은유 표현을 만들어 내길 강요하거나 가르치기보다는, 좋은 은유 표현을 필사하고 외우게 하는 것이 더 효과적이다. 아이를 꾸준히 은유 표현에 노출시켜 무의식적으로 익숙해지도록 하는 것이 좋다.

본문 글을 잘 쓰려면 ③
오감 표현을 통해 표현력과 감각 키우기

오감은 시각, 청각, 촉각, 후각, 미각 5개 감각을 의미한다. 일기의 본문을 쓰면서 오감을 예민하게 단련하고 느끼게 하며, 그것을 글로 옮기면 표현력을 키울 수 있다. 특히 대상을 정해서 묘사하는 글을 쓰며 오감 표현을 연습해 볼 수 있다. 묘사하는 대상을 정할 때도 웃음 짓는 아기의 사진이나 귀여운 애완동물의 사진을 보여주자. 이런 긍정적인 모습을 표현하면 감성적으로도 도움이 되어 어느 순간 놀라운 표현을 쏟아 내곤 한다.

또 대상을 묘사할 때 그 대상의 특성에 따라 5개의 감각 중 몇 개를 골라 표현해 보자. 물론 모든 대상은 5개의 감각 모두를 이용해서 표현할 수 있지만, 시간이 많이 드니 대표적인 감각 2가지만 이용해 보는 것이 좋다. 예를 들어 봄 딸기는 미각과 시각으로 표현해 볼 수 있고, 그림자는 오직 시각적 감각만으로 묘사할 수 있는 대상이다.

우리말에는 이 5개의 감각을 자극하는 감각어가 생각보다 많다. 특히 형용사와 동사에 이런 감각어가 많은데, 이를 잘 활용하면 표현력을 키워 주는 데 도움이 된다. 책상 앞에 빈 종이를 붙여 두고, 5개의 감각에 맞는 단어가 떠오를 때마다 아이에게 직접 적어 보도록 지도해 보자. 이렇게 하면 어휘력을 확장하는 데에도 무척 도움이 되고, 무엇보다 감각어를 많이 사용하면 실감나는 표현을 만들어 볼 수 있어 아이 스스로 자신의 글에 만족감이 높여줄 수 있다.

● **시각 표현 만들기**

시각 표현을 만들기 위해서는 우선 대상을 정해서, 아이에게 색깔과 형태, 움직임을 파악할 수 있는 질문을 던져야 한다. "어떻게 보여?", "제일 먼저 눈에 띄는 것은 뭐야?", "시선을 좀 옮겨 볼까? 그럼 뭐 다른 것이 보여?", "여기 한 부분을 집중해서 한번 볼까?", "색깔은 어때? 어디가 밝고, 어디가 어두워?" 등 다양한 질문을 던질 수 있다. 그러면 아이는 질문에 답하기 위해 대상을 유심히 관찰하게 된다. 그리고는 시각적인 술어를 사용해 본 것을 대답하도록 한다. 아이의 대답을 글로 옮겨 적게 하면 멋진 시각 표현이 만들어진다.

● **청각 표현 만들기**

청각 표현도 대상을 정해서 묘사할 수 있는데, 특정 음악이나 소리를 듣고 그것을 표현해 볼 수 있다. 몇 개의 악기 소리를 한꺼번에 듣고, 이를 구분하거나 차이를 묘사해 보면 청각을 예민하게 단련할 수 있다. 혹은 살아 있는 대상을 묘사하며 함께 묘사해 볼 수 있는데, 예를 들어 강아지를 묘사하면서 짖는 소리도 함께 묘사하는 것이다. 청각적 대상을 묘사할 때도 엄마가 옆에서 소리에 관한 질문을 구체적으로 던지는 것이 중요하다. 스마트폰에 물소리, 바람 소리, 귀뚜라미 소리 같은 자연의 소리를 들을 수 있는 어플리케이션이 있으니, 이것을 활용해 보는 것도 방법이다.

● **촉각 표현 만들기**

촉각 표현도 다른 감각 표현과 마찬가지로 실제로 느껴 보고 그 느낌을 글로 옮기도록 하는 것이 가장 좋다. 얼음이나 나뭇잎, 털목도리와 십자드라이버까지 다양한 대상을 정해서 직접 만져 보게 하자. 아이가 느낀 점을 말로 표현하면 그것을 글로 옮겨 적게 하면 된다. 대상의 질감과 형태, 온도와 습도까지 가능한 많이 느끼고 표현해 보는 것이 좋다.

● **후각 표현 만들기**

후각 표현 또한 특정 대상의 냄새를 맡아 보고 그것을 표현해 보는 훈련이다. 특별히 냄새가 강렬한 대상이 있다면, 이를 맡아 보고 표현할 방법을 찾아보면 된다. 꽃, 음식, 동물 등 생각보다 표현할 대상은 많다. 특히 일상에서 쉽게 할 수 있는 후각 표현은 저녁 식단을 묘사해 보는 것이다. 음식의 냄새를 맡아 보고, 맛있는 냄새의 특징이 무엇인지 생각해 보며, 글로 표현해 보는 것이 중요하다. 엄마 냄새처럼 스스로 편안하게 생각하는 대상의 향을 충분히 맡아 보고 왜 그렇게 생각하게 되는지 원인을 찾아보는 것도 좋다. 인과관계가 정확하지 않더라도 아이가 생각하게 하고, 또 마음껏 표현해 보는 것이 중요하다.

● **미각 표현 만들기**

미각 표현은 후각 표현과도 연관이 있다. 음식이 아니라도 맛을 볼 수 있는 것이라면 혀에 대어 보고 미각을 느껴 보자. 꽃잎이나, 나뭇잎을 살짝 물어 본다거나, 평소에 잘 먹지 않던 음식을 맛보게 해서 왜 맛이 없는지 생각하게 하는 것도 좋다. 혀에서 느낄 수 있는 짠맛, 단맛, 쓴맛, 신맛 등 4가지 맛과 혀가 느끼는 통증이라고 하는 매운맛과 떫은맛도 구분해 보게 하자. 또 차갑고 뜨거운 정도와 씹히는 질감 등도 파악해 보면 좋다. 음식을 먹어 보고 다른 맛과 비교해 보는 것도 중요하다.

일기를 잘 쓰기 위한 비법 ⑤

- 주제문에서 확장한 소주제문을 여러 개 만들어 하고 싶은 말을 모두 담게 도와주세요.
- 어휘력을 키우면 아이들의 글쓰기 실력도 함께 늘어요.
- 수사학을 활용하면 풍부한 문장을 만들 수 있어요.
- 오감 표현으로 묘사하면 생생하게 표현할 수 있어요.

 **오감 표현을 끌어내는 질문**

● 시각 표현

색상에 관한 질문
· 가장 먼저 눈에 띄는 색깔은 무엇인가? 그 이유는 무엇인가?
· 그 색을 봤을 때 기분과 떠오른 생각은 무엇인가?
· 가장 밝은 부분과 어두운 부분은 어디인가?

형태에 관한 질문
· 모양을 다른 사물이나 동식물과 비유한다면 무엇이 좋을까?
· 물에 넣거나 끓여 보면 어떻게 될까?
· 반복되는 모양이 있는가?
· 가장 무거워 보이는 부분이 있는가? 그 이유는 무엇인가?

움직임에 관한 질문
· 무거워 보이는가, 가벼워 보이는가? 그 이유는 무엇인가?
· 힘차 보이는가, 힘이 없어 보이는가? 그 이유는 무엇인가?
· 어디를 향해서 움직이는가? 왜 그곳으로 가려는 것일까?
· 누구를 만나러 가는 것일까?
· 움직이지 못하게 하면 어떻게 될까?

움직임에 관한 질문
· 무거워 보이는가, 가벼워 보이는가? 그 이유는 무엇인가?
· 힘차 보이는가, 힘이 없어 보이는가? 그 이유는 무엇인가?
· 어디를 향해서 움직이는가? 왜 그곳으로 가려는 것일까?
· 누구를 만나러 가는 것일까?
· 움직이지 못하게 하면 어떻게 될까?

시각적인 술어와 의태어들

펄럭인다, 나부낀다, 덮여있다, 사라진다, 떠내려간다, 떠오른다, 어울린다, 좋아 보인다, 창백하다, 윤곽이 있다. 없다, 꼬깃꼬깃, 번질번질, 반짝반짝, 희끈희끈, 벙글벙글, 빙그레

● 청각 표현

소리의 구별에 관한 질문

· 무엇에서 나는 소리인가? 몇 가지 소리가 겹쳐 있나?
· 들어 본 적이 있는 소리인가? 어떤 소리와 비슷한가?
· 정적에 귀를 기울여 봅시다. 어떤 기분이 드는가?
· 소리가 가득 차 있는 느낌인가, 비어 있는 느낌인가?
· 소리와 어떤 사물을 짝지어 주면 좋을까?

소리의 크기와 높이에 관한 질문

· 소리의 크기가 어떠한가? 크기에 따라 기분이 달라지는가?
· 이 소리가 더 커진다면 어떤 일이 벌어질까?
· 음의 높이가 점점 높아질 때, 기분이 어떻게 변하나?

소리의 빠르기에 관한 질문

· 이 노래의 속도는 어떠한가?
· 긴장되는 부분과 편안한 부분이 있는가? 그 이유는 무엇인가?

※ 오감 표현을 끌어내는 질문은 설명희 님의 『오감 자극 전략을 활용한 생활문 쓰기 발상 지도 방법 연구(2012)』를 참고했습니다.

🧑 오감 표현을 끌어내는 질문

소리의 음색에 관한 질문
· 이 소리는 고운 편인가, 거친 편인가?
· 이 음악을 다른 음악과 비교할 때 음색에 어떤 차이가 있나?

소리의 조화에 관한 질문
· 두 소리는 조화로운가, 조화롭지 않은가?
· 소리를 듣고 어떤 표정을 짓게 되는가?
· 이 음악의 작곡가는 무엇을 표현하고 싶었을까?
· 힘이 넘치는가, 편안하고 감미로운가?
· 누구에게 들려주면 좋을까?

청각표현 술어와 의성어
시끄럽다, 조용하다, 덜컹인다, 바스락바스락, 웅성웅성, 시끌벅적, 쌩쌩, 뽀드득뽀드득, 빵빵, 쿵쿵, 콩콩, 종알종알, 쨍그랑

● **촉각 표현**

질감에 관한 질문
· 만질 때의 느낌이 어떤가?
· 이 느낌을 사람의 성격에 비유하면?
· 표면의 거칠기가 어떤가? 어떻게 이런 표면을 갖게 되었을까?
· 이것을 다른 것에 문지르거나 못으로 긁으면 어떻게 될까?

형태에 관한 질문
· 눈을 감고 만져 보면 어떤 형태가 그려지나?
· 이것을 당기거나 누르거나 두드리면 모양이 변할까?
· 단단한가, 말랑말랑한가?

통각에 관한 질문
· 이것으로 엉덩이를 찌르면 어떤 느낌일까?
· 이것으로 팔이나 다리, 머리를 두드리면 아플까?

온도에 관한 질문
· 눈을 감고 얼굴 가까이 대면 느껴지는 기운이 있는가?
· 손으로 만져 보면 따뜻한가, 차가운가?
· 등에 넣으면 기분이 어떨까?

수분에 관한 질문
· 촉촉한가, 건조한가, 질척한가, 바삭한가?

촉각적인 술어
문지르다, 만지다, 주무르다, 두드리다, 대다, 비비다, 당기다, 찢다, 누르다, 핥다, 쓰다듬다, 따끔하다, 들다, 얼얼하다, 스치다, 긁다, 두드리다, 더듬다, 입 맞추다, 안아 보다, 매끄럽다, 간질이다, 뜨겁다, 시리다, 찌른다, 서늘하다, 쌀쌀하다, 차갑다, 촉촉하다, 축축하다, 건조하다, 거칠다, 바삭하다, 건조하다, 질척이다, 미끄덩하다, 매끄럽다, 튀어나오다, 오돌오돌하다.

● 후각 표현

강도에 관한 질문
· 냄새가 강한 편인가, 순한 편인가?
· 냄새와 향기, 악취 중 어디에 어울리는가?
· 향기가 퍼지길 바라는가, 약해지거나 사라지길 바라는가?

오감 표현을 끌어내는 질문

구별에 관한 질문들
· 어떤 냄새인가? 어떤 냄새들이 섞여 있다고 생각되는가?
· 어떤 물체에서 나는 냄새라고 생각되는가?
· 냄새를 맡고 기분이 어떻게 달라졌는가?
· 냄새를 맡았을 때 얼굴 표정이 어떻게 달라지는가?

과정에 관한 질문
· 이 냄새는 어떻게 만들어졌을까?
· 내가 냄새라면 누구에게 찾아가고 싶을까?
· 이 냄새는 결국 어떻게 될까?

시간에 관한 질문
· 이 냄새를 맡아 본 적이 있다면 언제인가?
· 냄새를 맡고 나서 떠오르는 사건이 있는가?

공간에 관한 질문
· 이 냄새를 맡아 본 적이 있다면 어디였는가?
· 이 냄새는 어디에서부터 시작되었을까?
· 이 냄새는 어디까지 퍼져 있을까?

후각적인 술어
향긋하다, 구수하다, 고소하다, 솔솔 난다, 퀴퀴하다, 구리다, 진동한다, 코를 찌른다

● 미각 표현

강도에 관한 질문
· 맛이 자극적인가, 순한 편인가?
· 잘 씹히는가?
· 부드러운가, 딱딱한가?

구별에 관한 질문
· 어떤 맛인가? 어떤 맛들이 섞여 있는가?
· 이전에 비슷한 맛을 경험한 적이 있는가?
· 맛을 보고 나서 기분은 어떻게 달라졌는가?
· 혀의 위치에 따라 맛이 달라지는가?

촉감에 관한 질문
· 혀에서 음식을 이리저리 굴려 보면 느낌이 어떤가?
· 어떤 종류의 재료가 사용되었다고 생각되는가?
· 차가운가, 뜨거운가?

후각에 관한 질문
· 코를 막고 먹으면 맛이 어떻게 달라지는가?
· 맛을 볼 때, 냄새가 영향을 미치는가?

후각과 시공간을 연결한 질문
· 맛을 보고 생각나는 것은 무엇인가?
· 맛을 보고 생각나는 사람은 누구인가?

미각적인 술어
달콤하다, 매콤하다, 쌉싸름하다, 시금털털하다, 짭짤하다, 구수하다, 고소하다

Chapter 6

4단계, 마무리 글쓰기

인상 깊은 마무리 글

        글을 마무리 짓는 마음가짐은 글을 시작하는 것과 유사하다. 글을 어떻게 시작해서 읽는 사람의 마음을 두드릴지를 고민했던 것처럼 글을 마무리 지을 때도 어떻게 읽는 사람의 기억 속에 남을지를 고민하고 담아내야 한다. 마치 사랑하는 사람과 달콤한 데이트를 마치고 아쉽게 헤어질 때처럼 상대에게 좋은 기억을 남기는 것이 중요하다. 그러면 마무리 글은 어떻게 쓰는 것이 좋을까?

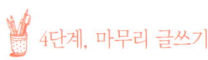
4단계. 마무리 글쓰기

마무리 글은 본문 글에 이어지는 일기를 마무리하는 마지막 부분이다. 좀 과장해서 인생의 마지막 유언을 남기는 것처럼 신중을 가해야 하는 부분이기도 하다. 끝이 좋으면 다 좋다고 했듯 매끄럽게 마무리 지은 글은 명쾌하고 산뜻한 인상을 남긴다. 반면 아무리 담긴 내용이 좋아도 결론이 흐지부지하면 지지부진하거나, 지리멸렬하다는 인상으로 기억될 수 있다. 결론을 잘 쓰려면 산뜻한 인상을 남기고, 명쾌하게 기억되기 위한 연습이 필요하다. 이 연습은 글쓰기를 떠나 일상생활에서도 사람들의 마음에 인상적인 기억을 남길 수 있는 소통의 원리를 깨닫게 한다. 일기 마지막에 어떻게 여운을 남길지, 또 글을 어떻게 아름답게 마무리 지을지 꾸준히 고민하고 연습해 온 아이는 일상의 다른 일도 인상적으로 마무리하는 감각을 키울 수 있을 것이다. 또 타인에게 인상적인 사람으로 기억되는 방식도 함께 배울 수 있을 것이다.

마무리 글을 잘 쓰려면
주제를 상기하여 3문장 이상 쓰기

　　　　　일반적으로 아이들은 공통적으로 글을 마무리 짓기 어려워한다. 일기는 꼭 논리적인 결론을 내려야 하는 글이 아니기 때문에 단편적인 감상으로 글을 끝내고 싶어 하는 경향이 있다. 대부분의 아이들은 하루의 느낌이나 감상을 몇 문장으로 지리멸렬하게 마무리 짓거나, 서투른 반성으로 글을 끝내곤 한다. 일기를 빨리 끝내고 싶은 마음 때문에 후닥닥 글을 정리해 버리는 것이 보통 아이들의 모습인 것이다. 이런 아이들의 태도를 효과적으로 바꿀 수 있는 방법이 있다.

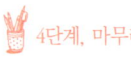
4단계. 마무리 글쓰기

내가 권하는 첫 번째 방법은 글을 처음부터 소리 내어 읽어 보고 마무리 글을 쓰게 하는 것이다. 아이가 본론까지 일기를 쓰고 나면, 글쓰기를 잠시 멈추고 처음부터 읽어 보게 한다. 처음 담고자 했던 주제 의식을 다시 상기시켜 글을 마무리시키기 위해서이다. 전체 글을 소리 내어 읽어 보면 최소한 대충 글을 마무리하려는 태도는 개선된다. 아이들은 기본적으로 글을 잘 쓰고 싶은 욕망이 있기 때문에 자신이 쓴 글을 돌아보면서 귀찮은 마음은 버리게 되고, 글을 잘 마무리 짓고 싶은 마음이 생겨나는 것이다.

두 번째 방법은 3문장 이상으로 글을 마무리 짓는 것이다. 처음 쓰고자 했던 글감을 다시 떠올려 보고 마무리 문단을 쓰고자 함이다. 이렇게 강제로 쓰게 하면 처음에는 억지스러운 문장들로 글을 마무리하지만, 짧은 글로 대충 마무리하던 습관은 차츰 고쳐진다. 이것은 여러 번 신중하게 생각하게 해서 생각의 폭과 깊이가 생기면서 가능해지는 일이다. 그래서 최소한 6개월 이상 지속적인 훈련을 해야 좋은 마무리 글을 쓸 수 있다.

마무리 글을 쓰는 방법을 다시 정리하자면, 아이에게 쓴 글을 처음부터 읽어 보면서 글의 방향성을 생각하게 한다. 읽기를 마친 아이에게 처음 떠오른 생각을 글로 쓰되 3번 생각하고 글로 옮기도록 한다. 이렇게 아이의 생각 스펙트럼을 넓혀 가는 것이다.

📆 날짜: 2013년 3월 10일   날씨: 2013년 날씨 중에 최고

제목: 사천의 두 번째 아침

　　오늘은 사천에서의 세 번째 날이다. 아침에 일찍 일어나서 가족들이 일어나길 바라면서 만화책을 보고 조금 뛰었다.
　　그래도 가족이 안일어나서 그냥 가족들에게 운동하러 간다고 말했다. 그리고 옷을 갈아입고 탁구를 치러 나갔다. 가는 길에 어제 축구했던 아저씨를 만나서 같이 탁구를 치러 갔다. 탁구를 재밌게 30분 동안 치고 4D를 보러 올라갔다. 4D를 5번 정도 보고나자 동생이 왔다. 그래서 같이 4D를 딱 1번 보고 아침을 먹으러 갔다. 아침은 플레인 요거트, 빵, 감자, 스크램블에그, 소시지, 버섯, 베이컨 등이 있었다.
　　사천의 2번째 아침은 매우 만족스러웠다. 서울의 아침은 일찍 일어나고 공부를 하는데 사천은 늦게 일어나도 되고 느긋하게 운동하러 가도 되었기 때문이다. 나는 아무래도 이렇게 느긋하게 사는 것을 좋아하는 것 같다.

　　윗글은 한 아이가 사천이라는 곳에 놀러가서 쓴 일기 글이다. 글의

4단계. 마무리 글쓰기

내용은 아침에 있었던 일을 죽 나열하고 있지만, 글 마무리를 잘해서 인상적인 글이 되었다. 마무리 글에 대한 제약이 없었다면 이 글은 아마도 '사천의 2번째 아침은 매우 만족스러웠다' 정도의 한 문장에서 끝났을지도 모른다. 하지만 평소에 3문장을 쓰도록 연습시켰기 때문에 아이는 여행지에서의 아침이 일상의 아침과 어떤 점이 달랐는지 생각하여 정리하였고, 자신이 좋아하는 삶을 돌아보는 자아성찰까지 하게 된 것이다.

일기 날짜: 2011년 10월 5일   날씨: 은행잎이 노래질 정도로 가을이 옴
제목: 급식 시간에 생긴 일

오늘은 급식 시간에 이상한 일이 2가지나 있었다. 하나는 신기하고, 하나는 불행한 일이었다.

보통에는 급식실에서 클래식 노래가 나왔는데, 오늘은 클래식이 아닌, 인기가요가 흘러 나왔다. 참 신기하고 애들도 다들 마찬가지로 신기해 하였다. 이것이 바로 첫번째 오늘의 이상한 일이다. 두번째는 영어 선생님이 우리 A 그룹한테 줄을 못서서 벌을 준 일이다. 우리는 벌로 급식 시간 끝나고 놀지 못하고 그냥 교실 책상에서 엎드려 있어야 했다. 정말 불행했다.

이제부터 줄을 잘 써야겠다. 그런데 생각해 보니 인기 가요 음악 때문에 우리가 줄을 못 섰던 것 같다. 그래도 급식시간에 인기가요를 더 틀어줬으면 좋겠다. 다음번에는 꼭 줄을 잘 쓸 테니 말이다.

점심 급식 시간에 인기 가요가 나온 일과 줄을 잘 못 서서 벌을 서게 된 사건을 담은 일기이다. 이 글 또한 3문장 이상 마무리 글쓰기를 한 덕분에 생각의 깊이가 더해졌다는 것을 보여 주고 있다. 급식 시간에 인기 가요가 나온 일, 줄을 잘 못 서서 벌을 받은 일 등 두 가지 사건이 있었다. 얼핏 보기에 두 사건은 인과관계 없이 우연히 일어난 일인 것 같지만, 한 번 더 생각해 보니 인기 가요를 듣느라 정신이 팔려 줄을 잘 서지 못했다는 사실을 깨닫게 된 것이다.

사람들은 우연히 일어나는 일은 없다는 말을 하곤 한다. 실제로 우연히 일어나는 일들조차 되돌아보면 다 이유가 있다는 깨달음이 담겨 있는 말이다. 반면 사람들은 인생에서 일어나는 일들의 교훈을 깨닫지 못한 채 흘려 보내고 만다. 때문에 어릴 때부터 이렇게 인과관계를 파악하고 자신에게 일어나는 일을 되돌아보게 하는 훈련을 마무리 글쓰기를 통해 할 수 있다. 이렇게 자신에게 일어난 일을 되돌아봄으로써

4단계. 마무리 글쓰기

분석하고 평가하는 자아성찰, 이것이 바로 마무리 글을 쓰며 꼭 해야 하는 학습이다.

일기를 잘 쓰기 위한 비법 ⑥

- 앞에 쓴 글을 큰 소리로 읽어 보고 주제문을 상기하도록 도와주세요.
- 떠오른 내용을 3번 생각한 뒤 3문장 이상으로 마무리하게 하세요.

Chapter 7

5단계, 소리 내어 읽기

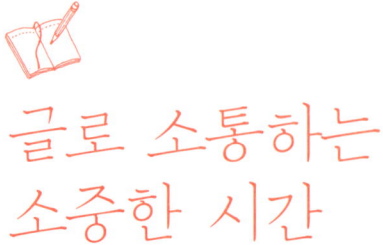

글로 소통하는
소중한 시간

조숙지변수 鳥宿池邊樹 : 새는 연못 가 나무에 자고

승퇴월하문 僧推月下門 : 스님은 달 아래 문을 민다.

위 시에서 '달 아래 문을 민다'라고 쓰는 것이 좋을까? '문을 두드린다'라고 쓰는 것이 좋을까? 당나라 시인 가도는 이 시를 적으며, '밀 퇴(推)'자가 좋을지 '두드릴 고(鼓)'자가 어울릴지를 고민하게 된다. 고민에 빠져 시장님이 행차하고 있다는 사실도 알아차리지 못한 채 길을 걷게

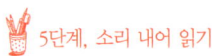
5단계, 소리 내어 읽기

된다. 결국 시장님 행차에 무례를 범하게 되고 병사들에게 끌려가는 고초를 겪는다. 하지만 당시 시장이었던 한유는 가도의 사연을 듣고, 오히려 그와 시를 논하는 친구가 되었다고 한다. 이것이 유례가 되어, 지금도 글을 다듬는 과정을 '밀 퇴(推)'자와 '두드릴 고(鼓)'자를 사용해서 '퇴고'라고 한다.

　나와 수업을 처음 시작하는 아이들은 대부분 일기를 다 쓰고 나면 자신도 모르게 일기장을 덮어 버리곤 한다. 그런데 그냥 그렇게 일기장을 덮어 버리면 숙제 검사를 받기에는 문제가 없지만, 글을 쓰는 과정보다 글쓰기 실력에 더 큰 영향을 미치는 퇴고 과정을 놓치게 된다. 본인이 글을 어떻게 썼는지, 또 그 글이 어떤 구조를 띠고, 글과 형식은 잘 어울리는지, 틀린 문장은 없는지 등을 확인해 보는 과정을 놓치고 마는 것이다. 본인의 글이 만족스러운지, 어떤 점을 보완해야 할지 스스로 돌아보지 않고 글쓰기 실력이 좋아질 수 있을까?

　나는 아이들로 하여금 자신이 쓴 글을 소리 내어 읽으며 스스로 퇴고 과정을 거칠 수 있도록 이끌어 주고 있다. 소리 내어 읽으면서 본인이 쓴 글을 귀로 듣고 객관적으로 돌아보는 시간을 가지도록 하기 위해서이다. 이렇게 한 문장 한 문장을 신중하게 읽어 보며 틀린 글자나 비문도 스스로 찾아 고치도록 하고 있다. 뿐만 아니라 글의 구성에 있어서도, 시작과 본론, 마무리 글은 적당하게 전개되고 있는지도 함께 돌아보게 한다. 그런 후 처음에 달았던 제목이 적당한지도 돌아보고, 더 좋은 제목이 있다면 고쳐서 새로 적어 보게 하는 것이다.

그리고 글을 꼭 소리 내어 읽어야 하는 이유도 있다. 속으로 읽으면 아이가 신중하게 읽는지 확인할 수 없기도 하지만, 본인이 쓴 글을 귀로 들어보는 것도 중요하기 때문이다. 글도 말처럼 리듬이 있다. 읽는 이에게 잘 전달되는 살아 있는 글은 편안하게 리듬을 타는 글이다.

아이가 스스로 자신의 일기를 고쳐 쓰고 다듬는 작업까지 끝내면, 이제 엄마가 해야 하는 일만 하나 남았다. 아이가 쓴 일기에 엄마의 생각을 짧게 코멘트 해 주는 일이다. 글로 적어 주지 않더라도 아이의 일기에 대해 답하는 소통의 시간이 필요하다. 일기를 통해 아이와 대화를 나누는 작업은 일기를 쓰는 것만큼이나 중요하다. 아이에게 기쁜 일이 있었다면 함께 기뻐해 주고, 속상한 일이 있었다면 함께 속상해 해 주며 아이의 마음을 깨끗이 청소해 주어야 한다.

그렇다면 어떻게 코멘트해 주는 것이 좋을까? 답은 생각보다 간단하다. '입장 바꿔 생각하기' 이 짧은 문장만 잘 지키면 어려울 것이 전혀 없다. 아이와 입장을 바꿔서 생각해 보면 답이 나온다. 아이의 입장에서 생각해 보고, 아이가 듣고 싶은 이야기를 코멘트로 달아 주면 되는 것이다. 그런데 참 흔하고, 익숙한 이 한 문장이 실천하기는 의외로 쉽지가 않다. 그리고 엄마가 먼저 아이의 입장에서 생각하는 모습을 보여 주면, 아이도 입장을 바꿔서 생각하는 것을 자연스럽게 배우게 될 것이다.

일기를 잘 쓰기 위한 비법 ⑦

- 아이가 일기를 다 쓰면 앞에 쓴 글을 큰 소리로 읽어 보고 글의 방향이 잘 맞았는지, 어색한 문장은 없는지 스스로 점검하도록 도와주세요.
- 아이가 퇴고 과정까지 마치면 아이의 입장에서 생각한 뒤 꼭 코멘트를 해 주세요.

epilogue

함께 일기 쓰기 어렵게 생각하지 마세요.

　　　　　　　나는 초등학교 6년 중 가장 중요한 것이 일기 쓰기라고 감히 말하고 싶다. 내가 느낀 바로는 분명히 그렇다. 이 책을 쓰게 된 이유도 그 중요함을 나 혼자만 알고 있을 수 없었기 때문이다.

　그리고 아이 혼자 일기를 쓰는 것보다는 누군가 어른이 옆에서 지도해 주는 것이 좋다. 물론 도움을 받고자 한다면 지도해 줄 수 있는 어른은 많다. 학교 선생님, 나 같은 과외 선생님, 논술 선생님……. 하지만 나는 누구보다 엄마가 직접 지도해 주는 것이 가장 좋다고 생각한다.

내가 가르치는 아이들은 대부분 강남에 사는 사립초등학교의 학생들이다. 하지만 이 책을 쓰면서 염두에 둔 사람은, 지방에 살며 조카 교육을 생각하는 언니와 오빠, 고등학교밖에 나오지 못한 중학교 동창 친구들, 그리고 자녀 교육으로 걱정하는 평범한 분들이다. 이 책의 도움으로 이런 분들이 아이를 스스로 지도해 줄 수 있다면 그것만으로도 충분히 행복할 것 같다.

그런데 한 가지 걱정도 있다. 이 책에 담긴 이런저런 노하우를 읽고, 부모님들의 기대치가 지나치게 높아질까 우려가 된다. 기대치가 높아지면 의욕이 앞서게 되고, 결국 아이에게 지나치게 강요를 하거나 버거운 설명으로 가르치려 할까 봐 걱정이 된다. 이렇게 되면 엄마와 아이 모두 한두 번 시도해 보고는 일기에 대한 안 좋은 인상만 품고 끝내 버릴지도 모른다. 엄마와 아이 모두에게 일기 쓰는 시간이 행복하고 즐거워야 일기의 좋은 점들을 만끽할 수 있을 것이다.

이 책에 담긴 노하우들은 최소 1년 이상 아이와 일기 쓰기를 함께하며, 서로에 대한 신뢰가 충분히 쌓인 후에 하나씩 시도해 볼 수 있는 요령들이다. 이 책을 읽는 사람 중 6학년의 학부모도 있을 것이다. 아이가 초등학교를 졸업하려면 이제 1년 남짓 남았으니, 포기하는 것이 좋을까? 물론 아니다. 1년간 아이와 일기 쓰기를 함께하며 신뢰를 쌓는 시간도 글쓰기를 지도하는 시간 못지않게 중요하다. 절대로 포기할 수 없는 시간이다. 사실 아이와 함께 일기를 쓰면서 관계를 회복하고 신뢰를 쌓는 것만으로도 충분하지 않을까? 모든 교육은 신뢰를 기반으로 한다. 누구나 배울 점은 있지만, 신뢰할 수 있는 대상만이 가르칠 수 있는 것이다. 그러니 부디 늦었다는 생각은 하지 말고 신뢰를 쌓기 위해 포기하지 않고 시도해 보았으면 좋겠다.

 욕심을 버리고, 가르치려고만 하지 않는다면 아이와 함께 일기 쓰는 일은 전혀 어렵지 않다. 함께 주제를 고르고, 아이가 일기를 쓸 수 있도록 이런저런 질문을 던지기만 하면 된다. 그리고 아이가 어떻게 글을 쓰든 존중해 주기만 하면 된다. 내 아이가 쓴 글이 정답이라고 믿어 주었으면 좋겠다. 일기란 그런 것이다. 엄마는 그냥 꾸준히 함께해 주고, 기다려 주기만 하면 된다. 정해진 글감으로 아이가 쓰고 싶은 것을 마음껏 쓰도록 그냥 놔두는 것이다. 쓰면 안 된다고 생각했던 것까지 마음껏 쓰도록 말이다.

 일기 지도를 하면서 엄마가 해 주어야 하는 점이 한 가지 더 있다. 엄마와 함께 쓴 글의 책임은 엄마에게 있다는 것이다. 아이는 엄마와 함께 글을 쓰면 자연스럽게 엄마에게 책임을 돌릴 수 있기 때문에 부담이 없어진다. 예를 들어 선생님이 뭐라고 하시면, "엄마가 써도 된다

epilogue

고 했는데요." 이 한마디면 아이는 모든 책임에서 벗어날 수 있게 된다. 믿는 구석이 있어야 부담 없이 자유롭게 글을 쓸 수 있는 것이다. 나는 엄마가 아이의 글에 기꺼이 책임을 져 주었으면 좋겠다. 선생님이 야단을 치거나, 부정적인 코멘트를 적어 주면 선생님께 양해를 구하는 것도 엄마의 몫이다. 그리고 무조건 칭찬하고 공감해 주며, 아이가 쓴 글에서 하나 이상의 장점을 찾아 주는 것만으로도 충분하다.

내가 아이들을 가르칠 때 처음 3개월은 아이를 파악하고 탐색하는 시간으로 어떤 것도 가르치려 하지 않는다. 아이가 어떤 특징을 가지고 있는지, 글쓰기 습관은 어떤지, 어떤 것에 상처를 받고, 또 상처받은 마음은 어떻게 치유할 수 있는지, 이런 것을 알아가는 시간이다. 이것을 알아야 아이를 제대로 지도할 수 있기 때문이다. 엄마도 자기 아이를 무조건 안다고 생각하지 말고, 일기를 함께 쓰며 아이를 새로이 알아간다는 마음으로 접근했으면 좋겠다.

이후 3개월은 아이와 신뢰를 쌓는 것에 역점을 두고 지도한다. 아이와 비밀도 공유하고, 아이와 금지된 일도 함께하며 조금씩 아이와 친해져야 한다. 엄마는 무조건 자기편이라는 것을 알려 주는 단계라고 할 수 있다. 엄마가 진심으로 자기편이라고 느끼면 아이도 진짜 마음을 조금씩 털어놓을 수 있게 될 것이다. 그리고 그동안은 털어놓지 못했던 속마음을 자연스럽게 일기장에 담아내게 된다.

그리고 다음 3개월은 글 쓰는 것을 즐거운 일로 받아들이도록 노력을 기울인다. 글쓰기가 지루한 숙제가 아니라 글을 통해 소통하는 즐거운 일이라는 것을 깨닫도록 노력한다. 글을 쓰며 가장 먼저 자기 자신과 소통하게 되고, 부모님이나 선생님과도 소통하는 것이라는 점을 깨닫게 해야 한다. 함께 대화한 내용을 일기에 쓴다거나, 아이가 엄마에게 부탁하고 싶은 것을 일기장에 적으면 가능한 들어주는 것도 좋다. 물론 지나친 요구를 할 때는 분명한 이유를 밝혀 거절해도 상관없다. 소통이란 그런 것이니 말이다.

마지막 3개월은 주제와 형식을 다양하게 연습해 보도록 해야 한다. 학년에 따라 적당한 주제를 찾아 주고, 아이가 스스로는 생각하지 못했을 주제를 찾아 제시해 주어서 생각의 틀을 확장해 주어야 한다. 또 글의 구성 방식에 있어서도 '편지로 써 보면 어떨까?', '코믹북으로 한 번 만들어 볼까?' 하며 다양하게 글을 쓸 수 있도록 안내해 주어야 한다. 3학년 이상의 고학년이라면 이때부터 설명하거나 묘사하는 글도 써 볼 수도 있다.

이렇게 1년이 지나면 부쩍 아이와 가까워져 있는 자신을 발견하게 될

것이다. 긴 얘기를 하지 않아도 서로의 마음과 생각이 이해될 것이다. 뿐만 아니라 아이도 엄마를 편안하게 믿고 의지하게 될 것이다. 이렇게 신뢰가 쌓이고 나면 그제야 글쓰기를 함께 공부한다는 마음으로 접근해 볼 수 있는 것이다. 이제부터는 다양한 어휘를 활용하여 글을 쓰도록 하고, 멋진 수사 표현을 기대해 볼 수 있다. 또 단락을 나누고, 각 단락을 주제문과 뒷받침 문장으로 완결성을 갖추게 안내해 주는 것도 괜찮다.

그런데 내 경험에 따르면 특별히 가르쳐 주는 것이 없는데도, 한두 번 일기 수업을 들으면, 대부분의 아이들은 변화를 보인다. 글쓰기를 죽기보다 싫어하던 아이가 비교적 편하게 글을 쓰는가 하면, 지리멸렬하게 일상을 나열하던 아이가 생각과 느낌을 적어 내기도 한다. 무엇이 이 아이들을 변화하게 만드는 것일까?

내가 첫 수업부터 빼놓지 않고 시도하는 3가지가 있다. 세 부분으로 나누어서 쓰기, 질문하기, 날씨 관찰하여 쓰기, 이 3가지이다. 이것 또한 별다른 지도는 하지 않고, 그저 스스로 할 수 있도록 방향만 제시하는 데도 아이들은 변화를 보인다. 부모님들에게도 아이를 지도할 때 처음부터 이 3가지는 함께 시도해 보길 권한다.

이미 앞쪽에서 충분히 설명했기에 간단히만 언급하면, 첫 번째, 세 부분으로 나누어 쓰기! 글을 쓸 때 머리글, 본문 글, 마무리 글로 나누어 쓰도록 하면, 자연스럽게 글에도 흐름이 있다는 사실을 파악하게 된다. 그리고 무엇보다 긴 글을 써야 한다는 막막함에서 벗어나 비교적 부담 없이 노트를 채워나갈 수 있게 되는 것이다.

두 번째, 질문하기! 아이를 생각하게 하는 유일한 방법은 질문하기이다. 어떻게 생각하는지, 무엇 같은지, 왜 그런지, 끊임없이 질문을 던지면서 대답을 생각하도록 하는 것이다. 답이 틀리든 맞든 그것은 중요한 것이 아니다. 스스로 생각하게 하는 힘, 그것이 중요하다. 일기를 쓸 때도 옆에서 계속 질문을 던져서 생각하는 힘을 길러 주는 것이다. 질문을 던져서 답을 찾게 하고, 혼자서 할 수 없었던 기발한 생각을 하게 해야 한다. 마음껏 생각한 내용을 글로 표현하다 보면 자기도 모르게 생각은 확장되고, 글을 쓰는 것에 흥미를 갖게 되는 것이다.

마지막으로 날씨를 관찰하여 쓰기! 이 책에서 자주 관찰의 중요함을 언급한 것 같은데, 보는 것은 아는 힘을 길러 주기 때문에 중요하다. 흔히 '아는 만큼 보인다.'라고 한다. 그렇다면 보지 못한다면 알지도 못한다는 얘기가 된다. 그냥 지나치고 있었던 일상의 작은 변화를 보게 하면서 세심한 관찰력을 키워 주어야 세상을 알아갈 수 있게 된다. 관

epilogue

찰하는 힘을 키우기 위해 날씨를 관찰하는 것은 곧 앎을 향한 첫걸음이라고 할 수 있다.

그리고 중요한 것은 습관이다. 매일 같은 시간에 하루를 돌아보고 일기를 쓰는 습관을 만들어 주는 것이 무엇보다 중요하다. 가능하면 적당한 시간을 정해서 그 시간에는 꼭 일기를 쓰는 습관을 들여 주었으면 좋겠다. 일기를 쓰는 동안은 조명을 바꾸어 주거나, 잔잔한 음악을 틀어 주는 것도 괜찮다. 글을 쓰는 특별한 분위기를 기억하게 하고, 심신을 편안하게 하여 일상을 성찰하게 하는 것도 좋은 방법이다.

아이에게 방향을 제시해 주며 함께 일기를 쓰는 일은 마음만 있다면 크게 어렵지 않다. 오늘밤부터 당장 아이와 일기장을 펼쳐 도란도란 얘기를 나누어 보길 바란다.

 부록

1. 자주 틀리는 맞춤법

햇님 → 해님

난장이 → 난쟁이

85살 → 85세

팔십다섯 살 → 여든다섯 살

통채 → 통째

바램 → 바람

파리 때 → 파리 떼

제촉 → 재촉

팽겨칩니다 → 팽개칩니다

웬일 → 웬일

디게 → 되게

예뿌다 → 예쁘다

어려울껄 → 어려울걸

갈 꺼야 → 갈 거야

문안하다 → 무난하다

끌어앉았습니다 → 끌어안았습니다

어깨에 매고 → 어깨에 메고

바바 → 봐봐

나눔니다 → 나눕니다

꺽어지는 대를 → 꺾어지는 데를

~이였어 → ~이었어

텔레비젼 → 텔레비전

산책하는 샘 치고 → 산책하는 셈 치고

삐지다 → 삐치다

뒤로 한 체 → 뒤로 한 채

코를 곯다 → 코를 골다

채취 → 체취

웃낀다 → 웃긴다

어떻해 → 어떡해

내가 할께 → 내가 할게

눈에 띤다 → 눈에 띈다	밤을 세우다 → 밤을 새우다
너가 → 네가	베낭 → 배낭
해어지다 → 헤어지다	부대찌게 → 부대찌개
갈아먹어서 → 갉아먹어서	십시요 → 십시오
TV키다 → TV켜다	사조요 → 사줘요
안 되 → 안 돼	몇 일 → 며칠
됬냐? → 됐냐?	번번히 → 번번이
세끼줄 → 새끼줄	다행이 → 다행히
애매하다 → 모호하다	화제거리 → 화젯거리
꽉 지고 → 꽉 쥐고	풍지박산 → 풍비박산
맴돌며 → 맴돌며	목이 메이는 → 목이 메는
않갔다 → 안 갔다	담은 김치 → 담근 김치
솓아오르는 → 솟아오르는	어의없다 → 어이없다
꺼림찍하다 → 꺼림칙하다	도데체 → 도대체
병이 낳았다 → 병이 나았다	예기하다 → 얘기하다

2. 수사법

수사법에는 크게 비유법, 강조법, 변화법 3가지로 나뉜다. 문장을 쓸 때, 다른 사물이나 현상을 끌어다가 새롭게 표현하는 비유법, 강조하여 강렬한 인상을 남기는 강조법, 변화를 주어 새롭게 관심을 불러일으키는 변화법이 여기에 해당한다. '배가 고프다'를 비유법으로 표현하면 '돼지처럼 종일 먹는 것만 생각난다'로 표현할 수 있고, '밥 열 그릇도 거뜬히 먹어치울 수 있을 지경이다'라고 강조법을 활용해 표현할 수도 있다. 그리고 '피자, 떡볶이, 파스타, 딸기, 파인애플, 컵케익 등 머릿속은 온통 먹는 생각뿐이다.' 같이 변화법으로 표현할 수도 있다.

1 비유법

다른 사물이나 현상을 끌어다가 그 성격. 형태. 의미 등을 새롭게 표현해내는 수사법으로 직유, 은유, 풍유, 대유, 활유, 의인화, 의성어, 의태어, 중의법 총 9가지가 있다.

● 직유법

표면적인 유사성을 토대로 비교하여 내용을 부각시키는 방법으로, …처럼, …인 양, …같이, …듯 등의 표현으로 문장을 만든다. 예를 들면, '하늘이 능금처럼 붉어질 때', '할머니 손에 고목껍질 같은 세월의 흔적이 남았다' 등의 표현이다. 노을 진 하늘을 능금의 붉은색, 할머니 손의 거칠함을 고목껍질의 꺼칠함의 유사성을 통해 비유한 표현이다.

● 풍유법

문장에 우화, 교훈담, 속담, 격언 등을 담아, 숨은 뜻을 읽어내게 하는 기법이다. 예를 들면 '등잔 밑이 어둡다더니…….' 라는 문장은 속담을 이용하여 눈앞에 두고도 보지 못한 상황을 표현하고 있다.

● 대유법

한 부분으로 전체를 표현하는 기법이다. '심장이 멈추었다.'라는 표현에서 신체의 일부분인 심장으로 생명을 전체를 상징하고 있다. 대유법은 다시 제유와 환유로 나뉘는데, 문장에 사용된 단어가 의미하고자 하는 대상에 포함되는 경우는 제유, 포함되지 않고 같은 속성의 단어를 사용한 경우는 환유이다.

● 활유법

무생물이나 사물이 살아 있는 듯 표현하는 기법이다. '버드나무 그림자가 태양을 고심하는 듯…….' 이 표현은 무생물인 버드나무 그림자를 마치 감정이 있는 생물로 표현한 활유법 문장이다. 주로 글쓴이의 감정을 사물에 이입하여 표현할 때 사용된다. 의인법은 활유법의 한 갈래라고 볼 수 있는데, '웃음 짓는 모닝커피', '위엄 있는 테이블' 같은 표현들이 있다.

● 의성법, 의태법

무생물이나 사물이 살아 있는 듯 표현하는 기법이다. '버드나무 그림자가 태양을 고심하는 듯…….' 이 표현은 무생물인 버드나무 그림자를 마치 감정이 있는 생물로 표현한 활유법 문장이다. 주로 글쓴이의 감정을 사물에 이입하여 표현할 때 사용된다. 의인법은 활유법의 한 갈래라고 볼 수 있는데, '웃음 짓는 모닝커피', '위엄 있는 테이블' 같은 표현들이 있다.

● 의성법, 의태법

의성어와 의태어를 활용하는 수사법이다. 한글에는 소리를 표현하는 의성어가

4,000개, 사물의 모양을 표현하는 의태어가 4,000개나 된다. '까르르', '웅성웅성', '또르르', '바스락 바스락' 같이 소리를 담은 의성어와 '너울너울', '말랑말랑', '뭉게뭉게' 같이 모양을 표현하는 의태어는 그 자체로 리듬감이 있고 아름다운 단어들이다.

● **중의법**

하나의 말이 둘 이상의 뜻을 의미하도록 표현하는 기법이다. 주로 속뜻을 겉으로 드러내지 않고 풍자하려고 할 때 이 기법을 활용한다. 황진이의 시조에서 벽계수는 사람 이름이자, 시냇물을 명월은 밝은 달과 황진이를 동시에 의미하고 있다.

2 강조법

말이나 글을 강조하기 위해 여러 가지 방법으로 생생하고 강렬한 인상이 남도록 표현하는 수사법이다. 여기에는 과장법, 영탄법, 반복법, 점층법, 점강법, 대조법, 현재법, 미화법, 열거법, 비교법, 억양법, 생략법, 연쇄법 13가지 표현법이 있다.

● **과장법**

사물을 실제보다 과장되게 크거나 작게 표현하여 대상을 강조하는 수사법이다. 예를 들어 '하루가 천년 같다'에서 하루를 천년으로 과장하여 시간이 길게 느껴짐을 강조하고 있다. 또 와 '속이 개미 심장보다 좁구나!'에서는 사람 속을 개미심장에 빗대어 속이 좁음을 강조하고 있다.

● **영탄법**

감탄사를 사용하여 강조하는 표현기법으로 감정을 토로하듯 밖으로 드러낸다. 김소월의 〈초혼〉은 대부분 영탄법 문장으로 이루어진 시라고 할 수 있다. '산산히 부서진 이름이여! 부르다 내가 죽을 이름이여!'처럼 감탄사를 통해 임을 잃은 격한 감정을 전달하고 있다.

● 반복법

같거나 비슷한 낱말, 구, 절, 문장 등을 반복하여 사용함으로서 강조하는 수사법이다. 예를 들어 박두진의 시 〈해야 솟아라〉에서 '해야 솟아라'라는 문장을 한 연에 4번이나 반복하여 심상을 강조하고 있다. 광복을 바라는 강렬한 마음을 '해야 솟아라'라는 문장을 반복하여 강조하고 있다.

● 점층법

글의 힘을 점점 강하게 혹은 크게 고조시키는 기법이다. 정몽주의 시조 〈단심가〉에 점층법이 잘 나타나 있다. 죽어 - 일백 번 고쳐 죽어 - 백골이 진토 되어 - 넋이라도 있고 없고. 이렇게 점점 죽음의 강도를 점점 고조시켜 표현하고 있다.

● 점강법

점층법과 반대로 뜻이 점점 약해지거나 범위, 규모, 크기 등이 점점 작아지는 수사법 표현이다. '천하를 태평히 하려거든 먼저 그 나라를 다스리고, 나라를 다스리려면 그 집의 질서를 잡으며, 그 집의 질서를 잡으려면 그 몸을 닦을지니라.'에서 천하 - 나라 - 집으로 규모를 줄여 의미를 강조하고 있다.

● 대조법

서로 상반되는 어구나 사물, 현상 등을 대조적으로 표현하는 수사법이다. 다름을 통해 선명한 인상을 주는 표현법이라고 할 수 있다. '짧고 긴 것의 대조', '강함과 약함', 혹은 '넓고 좁은 의미의 단어'를 대립시켜서 의미를 창조하는 수사법이다. '산천은 의구하되 인걸은 간 데 없다.'에서 불변의 자연에 인간사의 무상함을 대조시켜 의미를 발생시켜 강조하고 있다.

● **현재법**

과거의 일이나 미래의 예정된 일을 현재 눈앞의 일처럼 나타내어 실감나게 강조하는 기법이다.

● **미화법**

좋은 의미를 가진 어휘를 사용하여 사물의 의미를 아름답게 만드는 수사법이다. 거지를 미화하여 '거리의 천사'라고 표현하거나, '양상군자: 들보 위의 군자'는 도둑을 미화하여 표현했다.

● **열거법**

내용이나 형식상 연결되는 어구를 늘어놓아 뜻을 강하게 전달하는 수사 기법이다. '사과, 배, 감, 딸기, 수박까지 과일이 천지다'처럼 표현할 수 있다. 혹은 즐거운 분위기를 '뛰고, 노래하고, 춤추고, 마구 웃어댔다'처럼 열거로 표현할 수 있다.

● **비교법**

두 가지 이상의 사물의 크기, 성질, 내용, 모습 등의 정도를 견주어서 한 사물을 선명히 표현하는 수사법이다. '집채보다 큰 호랑이'에서 집채의 크기에 견주어 호랑이의 크기를 연상시키고 있다.

● **억양법**

처음에 치켜 올렸다가 다음에 낮추거나, 혹은 먼저 낮추었다가 나중에 치켜 올리는 기법이다. '너는 퍽 영리하다. 그러나 성질이 사나운 게 흠이야.'처럼 처음에 높였다 다시 낮추어 강조하는 표현법이다.

● 생략법

불필요한 부분을 생략하여 간결하고 함축적인 문장을 만드는 수사법이다. 특히 여운을 띠게 해서 의미를 강조할 수 있다. 박목월의 시 〈청노루〉에서 '머언산 청운사', '청노루 맑은 눈에'처럼 간결하고 함축적인 표현을 사용하여 여운을 남기며 감성을 자극할 수 있다.

● 연쇄법

앞 구절의 끝말을 다시 뒤 구절의 머리에 놓아 그 뜻과 리듬을 연상하게 하는 기법으로 대표적인 경우가 '기차는 빠르다, 빠른 것은 비행기, 비행기는 높다'가 있다.

3 변화법

문장이 단조롭거나 지루할 경우 변화를 주어서 새로운 관심을 불러일으키는 수사법으로 설의법, 인용법, 도치법, 대구법, 반어법, 문답법 6가지가 여기에 해당한다.

● 설의법

예상할 수 있는 답을 열어두고 의문 형식으로 표현한 기법이다. '그야말로 용감한 청년이 아닌가.'처럼 '용감한 청년이다'를 의문형식으로 표현해서 변화를 주고 있다.

● 인용법

명언이나 속담, 격언 등을 인용해서 문단에 신뢰감을 주고 내용을 풍부하게 하는 수사법이다. '지자는 물을 좋아하고, 인자는 산을 좋아한다고 공자는 말했다.'처럼 공자의 격언을 빌어 신뢰감을 주는 문장을 만들고 있다.

● 도치법

의도적으로 문법에 맞지 않게 말의 순서를 뒤집어서 문장에 변화를 주는 수사법이다. 의외성을 주어 단조로움을 피하고 문장을 매력적으로 만드는 표현 기법이다. 문장에 잘 사용하면 개성 있는 문체가 된다. 박남수의 시 〈새〉에서 '노래한다. 새는 그것이 사랑인 줄도 모르면서'는 도치를 통해 시적 언어가 된 예이다.

● 대구법

가락이 비슷한 말을 나란히 내세워 변화를 주는 수사법이다. '범은 죽어서 가죽을 남기고, 사람은 죽어서 이름을 남긴다.'처럼 상반되는 성질 또는 뜻을 맞세워 의미를 전달한다. 이때 운율을 맞추어 표현하는 것이 중요하다.

● 반어법

진짜 속뜻과는 반대로 표현하여 관심을 끄는 표현법이다. 대표적인 예가 김소월의 〈진달래꽃〉에 나오는 '나 보기가 역겨워 가실 때에는 죽어도 아니 눈물 흘리오리다.'라는 문장이다. 이별의 슬픔을 반어적으로 표현하여 관심을 끌고 다시 한 번 생각하게 만들고 있다.

● 문답법

질문을 던지고 답을 하는 형식의 수사법이다. 글에 변화를 주기도 하지만, 질문을 던져 읽는 이로 하여금 스스로 질문의 답을 생각하게 해서 능동적 참여를 이끄는 표현법이다. 문학에도 많이 사용되지만, 일반 서술체 글에서 화제를 제시할 때 효과적으로 쓰인다.

3. 초등학생일 때 외우면 좋은 것들 3가지

초등학생 때 외운 구구단을 잊어버린 사람이 있을까? 물론 구구단 게임을 유난히 못하는 사람도 종종 있는 것 같다. 하지만, 구구단을 잊어버려서 중, 고등학교에 가서 곱셈, 나눗셈을 못한다는 얘기는 들어본 적이 없다. 실제로 초등학생 때 잘 외워둔 것은 평생 잊어버리지 않는다고 한다. 그래서 나는 이 시기의 아이들에게 가능한 많은 것을 외울 수 있도록 가르친다. 특히 이 시기에 외워 두면 구구단처럼 여러 가지 원리를 깨닫는 데 도움이 되는 기본적인 것들이 몇 가지 있다. 나중에 따로 외우려면 잘 안 외워지고 힘들어서, 초등학교 때 멋모르고 외워 두게 하면 평생 부모님에게 감사할 것들이다.

1 조선 27대 왕조

태정태세문단세
예성연중인명선
광인효현숙경
영정순헌철고순

우선 첫 번째가 조선 27대 왕조의 앞 글자를 딴 '태정태세 문단세, 예성연중 인명선, 광인 효현 숙경, 영정 순헌 철고순'이다. 이것을 미리 외워두면 5학년 때 사회 시간에 큰 도움이 된다. 뿐만 아니라 중고등학교 역사 교과 내용도 초등학교와 같은 내용을 더 심화하고 있기 때문에 한번 제대로 외워 두면 유용하게 활용할 수 있다. 아이가 책에서 읽어 알고 있는 왕을 하나씩 표시해 가면서 아이가 스스로 조선왕조와 흐름을 깨달을 수 있도록 도와주자.

물론 내용을 정확히 이해하지 못한다고 해도 괜찮다. 일단은 입에 붙을 수 있게 외워 두는 것이 좋다. 또 외울 때는 죽 길게 외우기보다는 위 보기처럼 4개로 나눠 외우면 아이들도 쉽게 외운다. 3학년부터 외워 두면 좋고, 가능하면 왕조의 이야기들을 하나씩 설명해 주는 것도 도움이 된다.

2 60갑자

10천간: 갑을 병정 무기 경신 임계
12간지 : 자축인묘 진사오미 신유술해

60갑자의 10천간과 12지신 또한 미리 외워 두면 5학년 역사 공부를 할 때 무척 도움이 된다. 5학년 사회 시간에 한국사를 다룰 때 임진왜란, 임오군란, 갑오경장, 갑신정변, 을미사변 등 용어가 익숙하지 않아 잘 외워지지 않는 역사적 사실들이 있다. 문제는 이것이 시험에는 자주 출제된다는 점이다. 그런데 이 10천간과 12지신을 미리 외워 두면 갑오니, 임오니 하는 단어들이 익숙하게 느껴질 수 있다. 3학년 때쯤 뭣 모르고 입에 붙을 수 있도록 그냥 외우도록 하면 된다. 리듬감을 주어 흥얼거리게 하거나, 일주일에 한두 번씩 체크를 하는 것도 좋다. 잘 외우고 있으면 작은 보상을 주면 잊어버리지 않는데 도움이 된다. 동생이 있다면 동생과 함께 가르쳐서 둘이 경쟁을 하며 외울 수 있도록 하는 것도 효과적이다.

10천간은 하늘에 있는 10개의 천간을 의미하는데, 실제로는 화성, 수성, 목성, 토성, 금성 5개의 행성이 각각 음과 양으로 나뉘어 총 10개의 천간을 지칭하는 글자들이다. 또 12간지는 12지신이라고도 하는데, 12종류의 땅의 신을 의미한다. 실제로는 12종류의 동물을 의미하는 글자들이다. 이 두 가지 글자들을 조합하여 60개의 단어 즉 60갑자를 만드는 것이다. 60세를 회갑이라고 하는 것도 60갑자를 한 바퀴 돌았다는 의미로 기념하는 것이다. 처음부터 글자가 담고 있는 의미를 외울 필요는 없고 그냥 글자만 리듬감을 가지고 외워두는 것이 좋다.

60갑자를 외워두면 평생 매우 유용하게 쓰일 일이 의외로 많다. 60갑자를 이해하기 위한 원리 중 제일 중요한 것은 '갑'이 무조건 4로 끝나는 해에 붙는다는 것이다. 예를 들어, 올해는 2014년으로 갑오년이다. 그리고 갑오경장과 갑신정변 등도 4로 끝나는 해에 일어난 일들이다. 그러면 을로 시작하는 해는? 당연히 5로 끝나는 해이다. 을사조약, 을미사변 등은 5로 끝나는 해다. 이것만 잘 외워둬도 역사 시험을 볼 때 많은 도움이 될 것이다. 또 10년 단위로 같은 글자로 시작하는데, 즉 2004년과 2024년은 갑으로 시작하는 해다. 그러면 2015년은 을로 시작할 것이고, 2005년과 2025년도 마찬가지로 을로 시작하는 해이다. 그럼 임진왜란은 무슨 숫자로 끝나는 해일까? 한번 계산해 보기 바란다.

그리고 10천간은 각각 음과 양의 글자가 있는데, 즉 '갑'과 '을'에서 '갑'은 '양'의 글자, '을'은 '음'의 글자이다. 그리고 이 글자에는 5방색과 화성, 수성, 목성, 토성, 금성과도 연결된다. 아이들이 이것을 다 외울 수는 없지만, 일단 글자를 순서대로 외워 두면 해들 거듭해 의미를 하나씩 깨우쳐 갈 수 있는 기본이 된다.

참고로, 12간지에서 뜻하는 동물은 다음과 같다. 해를 상징하는 동물로, '띠'라고 하면 이해가 쉬울 것 같다.

자(子)	축(丑)	인(寅)	묘(卯)	진(辰)	사(巳)	오(午)	미(未)	신(申)	유(酉)	술(戌)	해(亥)
쥐	소	호랑이	토끼	용	뱀	말	양	원숭이	닭	개	돼지

60갑자 (10천간, 12간지)									
갑자 (甲子)	을축 (乙丑)	병인 (丙寅)	정묘 (丁卯)	무진 (戊辰)	기사 (己巳)	경오 (庚午)	신미 (辛未)	임신 (壬申)	계유 (癸酉)
갑술 (甲戌)	을해 (乙亥)	병자 (丙子)	정축 (丁丑)	무인 (戊寅)	기묘 (己卯)	경진 (庚辰)	신사 (辛巳)	임오 (壬午)	계미 (癸未)
갑신 (甲申)	을유 (乙酉)	병술 (丙戌)	정해 (丁亥)	무자 (戊子)	기축 (己丑)	경인 (庚寅)	신묘 (辛卯)	임진 (壬辰)	계사 (癸巳)
갑오 (甲午)	을미 (乙未)	병신 (丙申)	정유 (丁酉)	무술 (戊戌)	기해 (己亥)	경자 (庚子)	신축 (辛丑)	임인 (壬寅)	계묘 (癸卯)
갑진 (甲辰)	을사 (乙巳)	병오 (丙午)	정미 (丁未)	무신 (戊申)	기유 (己酉)	경술 (庚戌)	신해 (辛亥)	임자 (壬子)	계축 (癸丑)
갑인 (甲寅)	을묘 (乙卯)	병진 (丙辰)	정사 (丁巳)	무오 (戊午)	기미 (己未)	경신 (庚申)	신유 (辛酉)	임술 (壬戌)	계해 (癸亥)

위 표는 10천간과 12간지를 조합하여 만든 60갑자이다. 60갑자가 한 바퀴를 돌려면 앞에서 언급했듯 60년이 걸린다.

3 24절기

3번째 외워두면 좋은 것이 바로 24절기이다. 먼저 절기에 대해 생각해 볼 것이 있다. 절기는 음력으로 쓸까, 양력으로 쓸까? 그리고 우리 조상들은 동지를 작은설이라고도 불렀다. 그래서 동지가 되면 중국으로 사신을 보내는데, 이를 동지사라고 불렀다. 동지가 그만큼 의미 있는 절기이니까 그러지 않았을까? 그런데 왜 그랬을까?

여기에 대한 해답은 태양과 밀접한 관련이 있다. 우리가 한 1,000년쯤 전에 살고 있다고 상상해 보자. 세상은 지금과 달리 큰 건물도 없고, 주거 형태도 다르다. 하지만 해가 뜨고 지는 것만은 오늘날과 같은 모습이었을 것이다. 여름이 가고 겨울이 오는 것도 오늘날과 다르지 않았을 것이다. 평지로 펼쳐진 넓은 들판 위로 해가 뜨고 지는 모습에 사람들은 관심을 보이지 않았을까? 관심을 넘어 신성하게 여겼을 것이다. 그래서 매일매일 해가 뜨고 지는 모습을 지켜보고 이것이 기후에 미치는 영향도 대대손손 전해 왔던 것이다. 이렇게 태양에 따라 달라지는 기후를 확률적으로 기록한 것이 바로 절기이다. 그래서 절기는 음력이 아닌 양력에 따라 쇤다.

그런데 왜 동지를 작은설이라고 했을까? 동지는 태양과 지구가 일직선상에 있는 4개의 절기 중 마지막 절기이다. 때문에 1년 중 가장 밤이 긴 날이지만, 이 날이 지나면 밤은 점점 짧아진다. 동지를 지나 서서히 짧아진 밤은 춘분을 기점으로 낮보다 짧아진다. 동지를 다르게 말하면 태양의 둘레를 한 바퀴 돌고 다시 공전을 시작하는 시점이라고 할 수 있다. 지구에 사는 인류의 관점에서는 새롭게 한해를 시작하는 것과 다름이 없는 것이다. 이런 이유로 새로운 시작의 의미를 담아 작은설이라고 부르게 된 것이다.

절기를 따로 외울 필요는 없다. 다만 돌아오는 절기를 상기시키고 생각할 수 있도록 엄마가 옆에서 도와주었으면 한다. 절기는 한 달에 2번씩 돌아온다. 양력으로 월초와 중순에 한 번씩 절기를 쇤다. 지구가 태양의 주변을 도는데, 15도마다 절기를 쇠기 때문에 대략 보름에 한 번씩 절기가 돌아오는 것이다. 그런데 정말 신기하게도 절기에 따라 기후의 변화는 절묘하게 맞아떨어진다. 그러니 매 보름마다 돌아오는 절기를 아이에게 알려 주며 날씨가 어떻게 변화하는지 관찰하도록 하자. 그렇게 몇 년을 반복하면 아이 스스로 절기를 기억하며 날씨변화에도 민감해질 것이다.

24절기

소한 (小寒) 양력 1월 5일 또는 6일: 중 가장 추운 때
대한 (大寒) 양력 1월 20일 또는 21일: 큰 추위

입춘 (立春) 양력 2월 4일 또는 5일: 시작
우수 (雨水) 양력 2월 18일 또는 19일: 비가 내리고 싹이 틈

경칩 (驚蟄) 양력 3월 5일 또는 6일: 개구리가 잠에서 깸
춘분 (春分) 양력 3월 20일 또는 21일: 낮이 길어지기 시작

청명 (淸明) 양력 4월 4일 또는 5일: 봄 농사 준비
곡우 (穀雨) 양력 4월 20일 또는 21일: 농사비가 내림

입하 (立夏) 양력 5월 5일 또는 6일: 여름의 시작
소만 (小滿) 양력 5월 21일 또는 22일: 본격적인 농사의 시작

망종 (芒種) 양력 6월 5일 또는 6일: 씨뿌리기
하지 (夏至) 양력 6월 21일 또는 22일: 낮이 가장 긴 시기

소서 (小暑) 양력 7월 7일 또는 8일: 더위의 시작
대서 (大暑) 양력 7월 22일 또는 23일: 가장 심한 때

입추 (立秋) 8월 7일 또는 8일: 가을의 시작
처서 (處暑) 양력 8월 23일 또는 24일: 일교차 커짐

백로 (白露) 양력 9월 7일 또는 8일: 이슬이 내리기 시작
추분 (秋分) 양력 9월 23일 또는 24일: 밤이 길어지는 시기

한로 (寒露) 양력 10월 8일 또는 9일: 이슬이 내림
상강 (霜降) 양력 10월 23일 또는 24일: 서리가 내리기 시작

입동 (立冬) 11월 7일 또는 8일: 겨울이 시작
소설 (小雪) 양력 11월 22일 또는 23일: 얼음이 얼기 시작

대설 (大雪) 양력 12월 7일 또는 8일: 겨울 큰 눈이 옴
동지 (冬至) 양력 12월 21일 또는 22일: 밤이 연중 가장 긴 때